DICCIONARIO DE SÍMBOLOS MASÓNICOS

Entre la escuadra y el compás

Eduardo Montagut

DICCIONARIO DE SÍMBOLOS MASÓNICOS

Entre la escuadra y el compás

Biblos

Primera edición: septiembre de 2024

www.editatum.com
www.libros-biblos.com

Diseño de cubierta: © Marta Villarín (EDITATUM)
Maquetación de interior: © EDITATUM
ISBN: 978-84-19731-90-6
Depósito legal: M-19231-2024
Impreso en España-*Printed in Spain*

Índice

Para Vicente Duarte por su interés hacia lo que trasciende.

«La Francmasonería se sirve de diferentes símbolos y emblemas para el uso exclusivo y reservado de sus miembros, que se trasmiten por tradición desde tiempo inmemorial, y cuyo alto significado o interpretación simbólica solo puede ser explicado por la iniciación».

Diccionario enciclopédico de la Masonería, 1883.

Introducción

La masonería se asocia a la construcción y a la arquitectura en sus ceremonias, mitos, ritos y rituales, pero, sobre todo, a través de sus símbolos. Cierto es, porque un masón es un obrero, que tiene que llevar mandil y guantes, trabaja con escuadra y compás, así como con el cincel, el buril y está pendiente de la plomada, siempre con su piedra bruta, midiendo con la regla, pasando la llana, todo para construir su propio templo y el general. Pero la masonería, tan rica en recoger mitos, leyendas y tradiciones de las distintas culturas, reelaborándolos con su propia visión, se hizo también con un sinfín de símbolos vinculados a la naturaleza, tanto terrestre, como marítima, como del aire y del cosmos. En masonería hay, por lo tanto, junto con las herramientas muchos alimentos, distintos minerales y metales, plantas, frutos y flores, animales de toda condición, elementos, colores y sustancias, distintas partes de la anatomía humana, fenómenos atmosféricos y cuerpos celestes.

En esta obra hemos priorizado los significados relacionados con la masonería simbólica, siendo más cautos en relación con el filosofismo, los altos grados, con el fin de preservar, en cierta medida un ámbito que tiene mucho de descubrimiento y de intensa experiencia personal. Por otro lado, hemos intentado vincular los símbolos con las tradiciones previas porque de ese modo adquieren significados.

Este *Diccionario* intenta, en consecuencia, ser un ejercicio de síntesis sobre los símbolos, pero intentando no vulgarizar la riqueza que la simbología masónica presenta.

Los símbolos son un instrumento fundamental en el trabajo masónico. Su sentido alegórico ejemplifica las virtudes a alcanzar, los fines de la Orden, sin olvidar el enriquecimiento cultural que suponen los mismos, precisamente por recoger un acervo histórico impresionante. En un mundo cada día más prosaico el símbolo, así como su conocimiento e interpretación, nos permiten, sin lugar a dudas, trascender ese mundo cotidiano, y ayudarnos en hacernos más humanos. El simbolismo masónico es una forma también de sabiduría. Así la masonería sería una especie de ciencia de la moral a través de los símbolos, desde el mismo momento de la iniciación, que es clave para todo masón, y siempre desde su personal y libre forma de interpretarlos.

En realidad, podemos afirmar que todo en masonería es símbolo. Los masones deben dedicar toda su vida a su estudio y su interpretación, con el fin de encontrar la verdad.

El símbolo es también un método de autoconocimiento, que permite encontrar respuestas sobre las preguntas que los seres humanos venimos haciéndonos desde los tiempos de las Cuevas de Altamira, es decir, sobre quiénes somos, qué somos o a dónde vamos. La masonería es una invitación a trabajar sobre esos símbolos y sobre esas preguntas, aunque no tenga el monopolio en estas cuestiones. Es un método sofisticado, complejo, pero, sin duda, apasionante para crecer, a través de la lectura, insistimos, de los símbolos.

Algunos símbolos son muy importantes y han recibido más atención que otros en esta obra, además de que puede existir más información sobre los primeros, pero no podemos negar tampoco las propias inquietudes o preferencias de este autor, aunque se haya intentado presentar una obra global, procurando no olvidar símbolos. En todo caso, apelamos a la benevolencia de los lectores tanto en relación con la cuestión de las afinidades del historiador que les escribe, como en el caso de los olvidos y errores, fruto de la propia naturaleza humana que es, sumamente, imperfecta.

Esperemos que este manual les ayude a acercarse sin perjuicios al universo masónico, en su diversidad y en su interés por comunicar valores a través de los símbolos. Si, además, se consigue que ustedes, amables lectores y lectoras, intenten indagar más y con mayor profundidad nos sentiremos muy satisfechos. En todo caso, leer es un disfrute y más si hablamos de conceptos que van más allá del utilitarismo reinante y casi asfixiante de nuestra sociedad actual.

DICCIONARIO DE SÍMBOLOS MASÓNICOS

A

Primera letra del alfabeto masónico. Se representa con un ángulo recto o por la escuadra. Su figura geométrica, como mayúscula del alfabeto griego sería la base de la plomada, fundamental instrumento masónico. La masonería adoptó varios símbolos de la Cábala. Así la A representaría en la masonería el poder de crear, y es la inicial de la palabra sagrada Adonai.

ABEJA. La abeja aparece en muchas culturas y tradiciones como un símbolo iniciático y litúrgico. Poseería una naturaleza ígnea, es decir, dotada del poder del fuego. La abeja purificaría por el fuego y alimentaría por la miel, quemaría por el aguijón, pero iluminaría por el fulgor.

La abeja se relaciona con el trabajo y la creación de riqueza y prosperidad, es decir la miel. Así lo pensaban los griegos. Al parecer, existía una tradición en Delfos que consideraba que habían sido las abejas las responsables de la construcción del segundo templo del lugar. En el orfismo las abejas simbolizarían el alma. Si las abejas salen del enjambre, las almas surgían de la unidad divina. El cristianismo adoptó la abeja en la iconografía medieval para simbolizar la diligencia y la elocuencia.

Por otro lado, la abeja se vincularía al orden, además de al ardor belicoso y al coraje. Por su trascendencia divina y por su conexión terrenal, la abeja aparecería ya desde la Antigüedad como un atributo del poder divino de los sumos pontífices y luego de los papas de la Iglesia, y a través de ellos pasaría reyes y emperadores, como Napoleón.

En masonería es símbolo del comportamiento ordenado y atento. Las abejas obreras tienen esa actitud hacia su reina y hacia sus compañeras, como los masones estarían al orden en la logia, permaneciendo atentos a su Venerable Maestro y a sus hermanos, en su colmena o comunidad, es decir, en la logia, en la obediencia, en fin, en la orden.

La abeja es símbolo de virtud. Pero también simboliza la obediencia, la actividad y la constancia, tres virtudes que deben acompañar a todo masón, que respeta la autoridad legítima y que, además, no aspira al descanso. Si la abeja no descansa nunca, el masón siempre estaría trabajando por su perfeccionamiento personal, y por el progreso de la Humanidad, sin aspirar al descanso como finalidad.

ABLUCIÓN. Ablución significa lavar o limpiar. Este acto es muy común en muchas iniciaciones para indicar a un aspirante que la limpieza del cuerpo simboliza la pureza del alma. Así pues, la ablución es símbolo de la purificación. Con este sentido ha sido recogido en muchas religiones. Pensemos, que los musulmanes realizan abluciones antes de sus rezos, pero la tradición judía también consideraba fundamentales estas purificaciones.

En masonería existen abluciones con un simbolismo semejante en relación con la purificación en algunas ceremonias, siendo muy común en las de adopción, que se conocen también de forma vulgar como los «bautismos masónicos». Consistirían en derramar un poco de agua en las manos del lovetón, exhortándole a que debe vivir limpio de vicios y errores.

ABRAZO. El abrazo, en realidad, el abrazo fraternal, es en masonería el símbolo del buen acogimiento, de la paz y el afecto que se dan los masones de forma recíproca. El abrazo fraternal, presente en las ceremonias, desde la misma de la iniciación, sería una especie de bálsamo porque cualquier resentimiento entre los hermanos desaparecería con el mismo.

Además, es una forma de reconocimiento entre iniciados, con una serie de gestos y toques.

ACACIA. La acacia es la planta más representativa de los maestros en masonería, asociada siempre a la esperanza, pero, sobre todo, a la inmortalidad.

En la Antigüedad se relacionaba con Hermes. Sus ramas floridas se vinculaban a la rama de oro de los antiguos Misterios, y tenía mucha relación con Osiris, y de ahí pasaría a la masonería en el grado de maestro. La madera de la acacia es incorruptible, y por eso es símbolo de la inmortalidad del espíritu. Así aparece en la Leyenda de Hiram. La acacia era la planta que apareció en la tumba del maestro Hiram. Al crecer, se hizo patente donde había sido enterrado por sus asesinos. Así es, la raíz de la acacia estaba en su tumba, representando la nobleza y pureza de las aspiraciones. Los maestros masones se identifican con la acacia porque cuando acceden al grado salen de la tumba, salen de entre los muertos, y por ello, alcanzan la inmortalidad del espíritu. Por eso, dicen, «mi nombre es la acacia».

La acacia, por esa dimensión de incorruptibilidad, siempre ha sido una madera sagrada. Con ella se hicieron el Tabernáculo, el Arca de Alianza y distintos útiles sagrados. Al parecer, hasta la corona de espinas de Cristo era de acacia.

ACANTO. El nombre latino de esta planta es *acanthus mollis,* y en griego, *akanta-es-es,* es decir, planta espinosa. Pero *mollis* también significaría flexibilidad, suavidad, lo blando y lo tierno. Así pues, el acanto es una planta con espinas, cierto es, pero también son suaves y blandas, es decir que no dañan.

La hoja de esta planta adorna los capiteles del orden corintio y también del orden compuesto romano. Simboliza la planta que crece en una tierra virgen o no cultivada, frente a las dificultades, sin ayuda. Así pues, el acanto representa el triunfo y la gloria subyacente. Tendría también un sentido de inmortalidad. Todo este simbolismo, vinculado con la fuerza y el triunfo ante la adversidad, tendría que ver con una leyenda que podría explicar, de igual manera, la presencia del acanto en los capiteles corintios. Al parecer, al morir una joven doncella su criada puso encima de la tumba un cesto con las joyas y objetos preferidos de la joven fallecida, y todo lo cubrió con una losa para que nadie lo descubriera. Pasado un año la losa estaba levantada por la fuerza del acanto que creció justo debajo de la canastilla. Era tal la fuerza del acanto que sus hojas se fueron repartiendo en círculo para intentar sortear el peso de la losa, abrazando el cesto, algo que, si nos fijamos, parece como el propio capitel corintio. En la Edad Media el acanto recibió otra significación simbólica, al relacionarlo con el dolor y el castigo por la comisión de pecados.

La masonería recuperaría el sentido primigenio clásico del simbolismo del acanto. Pero, además, al encontrarse en el orden corintio estaría muy presente en el templo masónico en las tenidas del Rito Escocés Antiguo y Aceptado porque una de las columnas en torno al tapiz de logia pertenece a dicho orden.

ACEITE. El aceite de oliva constituye uno de los principales dones de la Naturaleza, y se ha empleado con profusión en los ritos, religiones y tradiciones que han nacido en las orillas del mar Mediterráneo. Su simbolismo es clave, junto con el del olivo. El aceite es símbolo de pureza, espiritualidad y luz. El aceite nace del fruto del olivo que crece en suelo seco, por lo que genera fuerza espiritual, pero, además, es combustible, de ahí su relación con la luz. Las lámparas de aceite fueron fundamentales en la Antigüedad, como lo demostrarían las lucernas romanas, tan presentes en los yacimientos arqueológicos de todos los rincones del antiguo Imperio. En los misterios de Eleusis se empleaba el aceite de oliva como símbolo de purificación. En las distintas religiones politeístas mediterráneas aparece siempre en las ofrendas, llegando a verterse en los altares de piedra, adquiriendo un sentido nuevo vinculado a la fecundidad. En los ritos de unción el simbolismo del aceite se enriquece, adquiriendo una dimensión más profunda. Los reyes de Israel eran ungidos. El óleo les otorgaba el poder y la gloria que emanaban directamente de Dios. La unción con aceite siempre fue un acto sagrado. Simbolizaría el espíritu de Yahvé.

Cristo significa «el que ha sido ungido», señalando el poder real, profético y sacerdotal de Jesús. En el cristianismo el aceite se emplea mezclado con bálsamo y especias aromáticas en el sacramento del bautismo, en las ordenaciones sacerdotales y en la extremaunción. La unción llegaría también a las monarquías cristianas, aunque la intervención de la Iglesia en este ritual terminaría generando rechazo por parte de algunos reyes y emperadores que no querían esa dependencia de la sanción de la Iglesia para poder ejercer el poder de forma legítima, por lo que no aceptaron la unción o la modificaron para sus propósitos.

El aceite en masonería debe ser también de oliva. Simboliza la sabiduría, la paz, la abundancia y la fecundidad, pero también el vigor y la resistencia porque es alimento de la luz y el fuego, no alejándose, por tanto, de algunos de los significados anteriores, como en otros símbolos que emplea la Masonería. En la consagración de las logias, según el Rito, el aceite aparece, junto con el trigo y el vino, es decir, la trilogía clásica o mediterránea, como una herencia del rey David. Simbolizan la paz, la inmortalidad y lo sagrado. El Rito de Emulación lo emplea en la consagración, y en el Rito Escocés Antiguo y Aceptado aparece en la recepción del grado 14 en la mezcla de la purificación. En el Rito Francés también tiene un evidente protagonismo, en la Quinta Orden de Sabiduría, al pasarse por distintas partes del cuerpo del hermano en una mezcla con vino y harina, es decir, de nuevo la trilogía, pero con un carácter distinto del Rito Escocés, como símbolo de la sabiduría, fuerza y belleza que deben poseer quien llega a tan alto grado. En las ceremonias de adopción el Venerable unta el oído del lovetón con aceite como símbolo de sabiduría y discernimiento, con el que debe escuchar las lecciones del conocimiento y experiencia.

ACERO. El acero es símbolo de la fortaleza y el temple que deben poseer todos los masones. Algún autor ha hablado también de que es un emblema de la venganza, pero eso no podría vincularse a la masonería, ya que la misma, enseña la práctica de la virtud y no las malas pasiones, entre las que estarían, sin duda alguna, la venganza. En la tradición hermética sería la dureza del principio espiritual dominador.

En masonería, además, cuando algún dignatario entra de visita o de inspección en una logia, a una orden del Venerable se levantan los hermanos y puestos al orden, siguiendo una serie de procedimientos, se crearía la bóveda de acero, consistente en cruzar las espadas sujetas con la mano izquierda de los masones de las dos primeras hiladas enfrentadas, para que pase por debajo quien recibe este honor.

El acero, por fin, aparece en alguno de los altos grados, pero nunca, insistimos con un significado negativo en relación con la violencia o la venganza, sino como símbolo de fortaleza y temple.

ADAR. Es el nombre del decimosegundo mes del año masónico, es decir, febrero. En los Ritos Escocés y de Menfis es la palabra sagrada que simbolizaría el día 23 de Adar que, al parecer, sería cuando el pueblo judío consagró el Templo reconstruido. También aparece en las logias de perfección del Rito Escocés.

ÁGATA. Piedra preciosa de distintos colores en bandas y cuya base es la sílice. Aparece somo símbolo en distintas leyendas masónicas, especialmente en relación con la leyenda salomónica. Además, es una piedra sobre la que grabarían las palabras más elevadas en algunos ritos masónicos.

AGUA. El agua tiene una importancia fundamental en el mundo del simbolismo desde los tiempos más remotos. Es fuente de vida, sirve para purificar, y regenera. En la tradición judeocristiana el agua simbolizaría el origen de la creación. Por ellos, los lugares sagrados estarían cerca de manantiales y pozos. El bautismo es un sacramento fundamental con la presencia capital del agua. La inmersión tendría la virtud de purificar, de regenerar; es el renacimiento. En el islam el agua también es primordial. En el Corán se habla del agua que cae del cielo como una señal divina, y el hombre sería creado de agua que fluye. Las abluciones son preceptivas para los musulmanes.

El agua sería una fuerza vital opuesta al fuego en masonería. Cuando se unen ambos el agua se volatizaría, completando la trinidad. Es uno de los cuatro elementos. Al parecer, el agua, el aire y el fuego serían tres compañeros que acompañan al hombre, que le abandonarían cuando fallece. Así, en las exequias se le devolverían por medio del «agua lustral», el incienso y los cirios.

Pero, además, el agua está muy presente en las tenidas y ceremonias masónicas. En la Cámara de Reflexión es el alimento fundamental porque fertiliza en el interior de la tierra para que germine la semilla. Después, en la iniciación el segundo viaje se denomina prueba del agua, consistente en la purificación y el bautismo filosófico. En el pasado la prueba llevaba a una inmersión completa, aunque con el tiempo, ha bastado con que se sumerja el puño izquierdo. En los altos grados del Rito Escocés Antiguo y Aceptado el agua está muy presente, ya sea perfumada para las abluciones, ya como signo de reconocimiento. También aparece en el Rito de Memphis.

El agua aparece en los ágapes masónicos, y recibe distintos nombres según el Rito que se practique. En el Rito Escocés Antiguo y Aceptado y en el Rito Francés es la pólvora floja, frente al vino.

ÁGUILA. El águila está considerada la reina de las aves, y por ello representaría la sabiduría, el poder, la inteligencia, la administración y hasta el heroísmo, por lo que ha sido empleada por instituciones, ejércitos, ciudades y príncipes.

En la Antigüedad, el águila ha sido un buen augurio, de luz, abundancia y prosperidad. Era atributo fundamental de Júpiter. El águila podía ser símbolo celeste, reina de las aves o de los ángeles y de los estados espirituales superiores. También tuvo una simbología solar, y se relacionaría con el fuego y la altitud. Si el águila mira al sol es símbolo de contemplación, como San Juan. En el ámbito filosófico el águila representaría la parte volátil de la naturaleza, frente a su oponente el legón, que representaría la fija. También presenta una dualidad con las serpientes: cielo-tierra, o ángel-demonio. Así no es infrecuente que en la iconografía aparezcan las águilas enfrentándose a las serpientes.

En masonería el águila es un símbolo de los iniciados, los que poseen la audacia y el genio, y contemplan de forma serena la luz de la verdad, como el águila contempla desde lo alto la luz del Sol iluminando la Tierra. También se presenta como emblema de la elevación y del poder intelectual, de las aspiraciones ideales de los masones que conducen a la Verdad. El águila tiene una gran presencia en los altos grados.

El águila bicéfala es un símbolo protagonista en la iconografía y en la heráldica. Al parecer, serían los hititas quienes comenzaron a emplear el águila con dos cabezas, aunque hay pruebas de que ya se usó en Lagash, en la época sumeria, además de en otras civilizaciones posteriores, llegando hasta Bizancio, y de allí a Europa. En el Imperio Bizantino fueron los Paleólogo quienes incorporaron el águila bicéfala en su blasón. El águila bicéfala, además, aparecía con las alas abiertas y plumas desplegadas o *exployada,* en lenguaje heráldico. Esta dinastía representaba el águila de esta forma para simbolizar no solo su majestad, sino la realidad doble de su imperio, en Occidente y Oriente.

En Europa, el águila bicéfala alcanza su máximo desarrollo como símbolo de la máxima autoridad, de la soberanía imperial, es decir, de los emperadores por encima de los reyes. Es el caso del Sacro Imperio Romano Germánico y de los Habsburgo, ya fueran de Viena, ya de Madrid. En este último caso, los Austrias españoles llenaron España y América con águilas bicéfalas, como podemos ejemplificar en la Puerta de la Bisagra de Toledo. Los zares de Rusia también emplearon el águila bicéfala, al recoger la herencia bizantina, como en otros Estados de la zona balcánica, como podrían ser los serbios.

En masonería, el águila bicéfala viene asociada a los altos grados, emblema del grado 33 del Rito Escocés Antiguo y Aceptado, pero también en el Rito de Menfis, y figura también entre los símbolos de los Caballeros Kadosh, Príncipes del Real Secreto y Soberanos Grandes Inspectores Generales. El águila bicéfala representaría en Masonería la dualidad resuelta, los dos poderes en un solo cuerpo. Una cabeza miraría al pasado, mientras que la otra hacia el futuro, ambos infinitos. El presente, por tanto, sería algo muy fino entre dos eternidades. Además, el águila bicéfala es símbolo de Sabiduría. Una cabeza es el Progreso, la otra el Orden. Encima de la cabeza luce el triángulo radiante con el número 33.

Por su parte, las alas desplegadas también tienen su significado masónico. Representan la prestancia de los hermanos para estar siempre buscando la Verdad.

El águila bicéfala sostiene una espada entre sus garras. El puño de la espada se encuentra a la derecha del águila, y representa el Poder y el Honor de los Soberanos Grandes Inspectores Generales. Estos nunca deben desenvainar su espada sin una buena razón, y nunca deben envainarla sin honor. El águila bicéfala al vincularse con la Sabiduría nos quiere decir que el hombre sabio, el masón al alcanzar la sabiduría, puede contemplar la deslumbrante Luz de la Verdad sin temor, como el águila, que puede mirar fijamente al sol sin pestañear.

AIRE. El aire es un elemento activo y masculino, como el fuego, frente a la tierra y el agua que serían femeninos y pasivos. El aire es un símbolo sutil entre el fuego y el agua, ya que resultaría de la unión de las propiedades de ambos, es decir, el calor y la humedad. Esa unión sería sinónimo de espiritualidad. En algunas cosmogonías, es decir, en el relato mítico sobre los orígenes del mundo, parece que se daba prioridad al fuego como origen de todas las cosas, pero parece más generalizada la creencia del agua como fundamento porque la concentración del mismo produciría la ignición, de la que derivarían las formas de vida. El aire, además, se vincularía a tres factores, todos en relación con la creación. Es hálito vital, viento en la tempestad y, por fin, es el espacio donde tiene lugar la vida.

En masonería, recogiendo toda esta riqueza simbólica, el aire correspondería al movimiento, a la respiración que alimentaría la vida, el Oriente, a lo masculino y positivo, a lo intelectual y a la filosofía. El aire sería uno de los elementos que aparecen en la iniciación de un aprendiz con un valor purificador.

ALFABETO. La masonería recogió toda la tradición del alfabeto jeroglífico, es decir, aquel que representa pensamientos por medio de imágenes, y que, es anterior al silábico que empleamos en nuestras lenguas. Aunque el alfabeto jeroglífico se asocia a los egipcios otros pueblos han empleado este sistema.

Así pues, la masonería terminó por desarrollar caracteres propios para muchas de sus cuestiones, incluidos los símbolos. Se llegó a formar un alfabeto críptico propio para maestros, pero que no se emplea en la actualidad.

Es interesante aludir a que la masonería vio en el esperanto una lengua adecuada para su empleo como una forma para conseguir el entendimiento entre todos los masones. Así se aprobaría en el Congreso Masónico de Boulogne-sur-Mer en 1905, pero, a pesar de los intentos en este sentido en distintos países no terminaría de cuajar esta solución.

En fin, existen distintos alfabetos masones según ritos y grados.

ALMA. El alma tiene muchos símbolos en las distintas tradiciones. En masonería esa riqueza también se da porque existen diferentes concepciones del alma. Estaría el alma filosófica de la humanidad que estaría simbolizada por la reina de Saba. El Primer Vigilante de una logia es el alma desde el punto de vista psíquico y de la razón, y lo es porque estando en Occidente donde hay oscuridad ofrece luz sobre los trabajos masónicos en la tenida. Por fin, el templo masónico tiene su propia alma, representada por el maestro Hiram.

ALMENDRO. El almendro es un árbol de floración temprana, y que nos anticipa la primavera. Simboliza el renacimiento de la naturaleza, pero también, precisamente, por ser de los primeros que florecen, se convierte en un vigilante de los iniciales signos de la primavera, aunque fríos repentinos y tardíos pueden matar sus flores. En realidad, aunque el almendro no aparece explícitamente en masonería, puede ser considerado un árbol vinculado con las iniciaciones, tanto por ese simbolismo de renacimiento como por los peligros que pueden presentarse en el mismo. Así, anteriormente, se sabe que se empleaba en la iniciación en los Misterios de Athys. Al parecer, Agdistis tenía atributos sexuales masculinos y femeninos, pero los dioses del Olimpo le cortaron el órgano masculino y lo arrojaron. Donde cayó nació un almendro. Cuando sus frutos maduraron, Nana, es decir, la hija del dios-río Sangarios cogió su fruto y se lo colocó en su regazo. El fruto desaparecería y ella se quedó embarazada, naciendo Athys.

Por fin el almendro también puede ser símbolo de dulzura y ligereza.

ALQUIMIA. En masonería la alquimia simbolizaría la evolución del hombre, que va desde un estado puramente material a otro espiritual. Por esa razón, se puede decir que la iniciación sería un proceso alquímico porque en la misma el neófito se desprende del mundo profano con el fin de que pueda integrarse en el mundo sagrado. En la iniciación se purifica, precisamente, a través de los cuatro elementos presentes en los cuatro viajes. Por otro lado, en el Rito Escocés Antiguo y Aceptado en los altos grados existen evidentes referencias alquímicas.

ALTAR. El altar también puede ser conocido como el ara. Se trata de una mesa simbólica que se emplea en las tenidas y en casi todas las ceremonias masónicas, y que se coloca delante del Venerable Maestro o Presidente de un taller y se sitúa, además, en el límite del ajedrezado. Al colocarse en el centro del templo el altar o ara simbolizaría el centro polar y se relaciona con la letra G. Al altar o ara contiene las tres Grandes Luces de la masonería, esto es la escuadra, el compás y el Libro de la Ley Sagrada.

Según los ritos y los grados en los que se trabaje masónicamente puede recibir distintos nombres, como altar del fuego, o altar de los holocaustos, de los perfumes, de los sacrificios u octógono.

En el Rito Escocés Antiguo y Aceptado se emplea una columna truncada con una plataforma en su parte posterior para el ara o altar.

Por su parte, el altar de los juramentos existiría en todos los ritos para la finalidad que expresa su nombre, aunque no aparece en el Rito Francés o Moderno.

Puede existir un altar de los perfumes o pebetero para quemar los inciensos y perfumes en las tenidas.

Por fin, existiría el altar octógono que se empleaba en las logias de primer grado de la Masonería de Adopción. En cada uno de sus extremos había una estatua representando la sabiduría, prudencia, fuerza, templanza, honor, caridad, justicia y también la verdad.

ALTURA. En una de las definiciones de la RAE se define la altura como la región del aire, considerada a cierta elevación de la tierra. De ese modo, simbólicamente en masonería, se dice que una logia es desde la tierra hasta el firmamento. Pero también el *Diccionario* nos explica que la altura es excelencia, mérito y valor. En masonería existe la altura de los hermanos, es decir, aquella que se puede medir, y que determina la profundidad de las convicciones y conocimientos, así como la elevación de los ideales.

AMARGURA. La amargura sería el símbolo de los obstáculos que preceden a la iniciación en masonería. En la iniciación existe la copa de la amargura, que contiene una bebida dulce y amarga. Se presenta al candidato en la ceremonia en tres ocasiones. Contiene agua pura que bebe el que se está iniciando representaría el olvido de lo profano. Se ofrece justo antes del juramento. Después del mismo la bebida es amarga, como la vida del iniciado, la de alguien que está buscando y vive atormentado por del deseo de conocer, además de que es símbolo del remordimiento que deja en el corazón quien comete perjurio, ya que no olvidemos que se ha jurado. Por fin, la tercera vez la bebida ya es dulce, como la vida del iniciado que ha conseguido la serenidad.

En todo caso, también existe la amargura como símbolo de que un masón ha faltado a sus deberes.

AMARILLO. El amarillo sería el velo de la aurora según Homero. El sol en muchas teogonías antiguas emplea el amarillo como emblema. El amarillo, en consecuencia, se asocia a lo caliente, expansivo y ardiente.

El amarillo y el oro se han asociado siempre con la divinidad. Ambos están siempre cerca de reyes y príncipes, al considerar que el origen de su poder era divino. Por su parte, el cristianismo el amarillo se asocia a la eternidad, y el oro es el metal de la misma, y aparece en distintos objetos de la liturgia y de las vestimentas sagradas. Curiosamente, el amarillo en un ámbito no asociado a lo divino, sino a lo más puro terrenal, simbolizaría casi lo contrario, es decir, la vejez o el agotamiento porque la piel adquiere un tono amarillento antes de morir. Es más, puede asociarse a la traición, el orgullo y la presunción si el amarillo palidece, asociado al azufre del demonio. Por otro lado, algunos han considerado que el amarillo sería una mezcla de blanco y rojo, siendo el blanco símbolo de la sabiduría y el rojo del amor manifestado en la creación y la regeneración de los hombres. Por eso, el amarillo aparece adornando o rodeando la cabeza de dioses y héroes de la Antigüedad, y luego lo emplearía el cristianismo con el disco luminoso en Cristo y los Santos, como símbolo de inmortalidad.

En masonería el amarillo es emblema de la sabiduría y la magnificencia. Por eso es un color asociado a las altas dignidades de las obediencias. En relación con este color estaría, como hemos visto, el de oro, y que tendría que ver no con el valor que asociamos al mismo, sino a que el saber es más importante.

AMBROSÍA. La ambrosía, en realidad, no es un alimento real, sino el nombre que se le dio a la comida y bebida de los dioses. Para Homero era un manjar, mientras que para Safo era una bebida. Sabemos que Venus empleó ambrosía para curar las heridas de Eneas y Apolo se sirvió de ella para embalsamar a Sarpedón, con la intención de que el cadáver no se corrompiera. Su nombre en griego significa inmortalidad, aunque algún autor interpreta que quería decir más «fragante», con un origen semítico, y derivando del ámbar, que en el Oriente se consideraba que tenía propiedades milagrosas. Pero hay más interpretaciones, y se vincularía a la miel, y hasta al aceite.

La ambrosía aparecería para nombrar a los manjares en las tenidas del banquete de las Novicias masonas del Rito del Soberano Capítulo Metropolitano de las Damas Escocesas de Francia.

AMOR. En masonería el amor es fundamental en la dimensión fraternal del mismo. Por ello, debe aparecer simbólicamente en los trabajos masónicos de forma constante, en algunos signos, en los nudos de la cuerda que rodea la logia, ya que es una cuerda de nudos de amor, y en algunos altos grados.

ANCLA / ÁNCORA. En masonería el ancla o áncora es un símbolo de esperanza y estabilidad, y como tal aparece en distintas ceremonias.

Anteriormente, en el primer cristianismo aparecía asociada a dos peces, y se asociaría también a la esperanza de una nueva existencia, aunque hay quien opina que podría vincularse a un emblema de la fidelidad conyugal.

ÁNGEL. Un ángel es un enviado, un nuncio. El nombre procede de la función de estos seres como mensajeros de Dios para revelar a los hombres su voluntad.

Los ángeles se dividieron en tres jerarquías, que, a su vez, se subdividen en nueve órdenes, denominados coros.

La masonería recogería gran parte de la tradición cristiana, y ha hecho corresponder los distintos ángeles como símbolos de elementos, planetas y virtudes espirituales. En uno de los altos grados del Rito Escocés Antiguo y Aceptado cada elemento se vincularía a un ángel.

ÁNGULO. Un ángulo es un signo consistente en dos líneas que parten de un mismo punto, que cuanto más divergen más se alejan de su principio u origen, representando la dualidad. La masonería relaciona el ángulo con instrumentos fundamentales, como son la escuadra y el compás, pero también con la cruz, el triángulo y la piedra puntiaguda.

El ángulo conforma el paso que debe dar el aprendiz para dirigirse a prestar el juramento. En función de los grados de los ángulos estos se vinculan con distintos aspectos de la masonería. Así, por ejemplo, el ángulo de 90°, es decir, el ángulo recto, tiene que ver con la conducta virtuosa de todo masón.

ANILLO. Los anillos aparecen constantemente en todas las tradiciones y momentos históricos, y nacieron con la misma Historia. Han podido ser un objeto de adorno, pero, sobre todo, han tenido una enorme importancia simbólica. Vendrían a representar las fuerzas cósmicas convergiendo en la persona que lo lleva.

En el Antiguo Testamento se narra como el faraón elevó a José al poder y para ello le entregó un anillo, el símbolo de ese poder para poder gobernar casi como si fuera el mismo rey. Otros anillos importantes fueron los de Prometeo, el rey Midas, y de Polícrates. Los romanos desarrollaron mucho la cuestión de los anillos, considerando que había tres clases. Estaban los anillos destinados a los esponsales, los que distinguían con honores a los magistrados y hombres de Estado, y los destinados a sellar las cartas y documentos. Los anillos han simbolizado la ligadura aceptada, y el poder de los que lo poseían.

En el Rito Escocés Antiguo y Aceptado el anillo aparece en distintas ocasiones, especialmente en los altos grados. También estaría en el Rito de la Estricta Observancia porque todo iniciado recibe uno, prometiendo que no debe desprenderse nunca del mismo.

ANIMALES. Los animales son protagonistas indiscutibles de la simbología por sus características o cualidades, actividades y por sus relaciones con los dioses y el hombre. En este sentido, aparece el «animal domado», que significaría lo contrario al animal salvaje.

Pero en relación con el hombre es muy significativo el tema de la lucha con el animal, tanto si es natural como fabuloso. La victoria del hombre termina con la muerte o la domesticación del animal, cuestión que aparece en la mitología grecolatina y en las obras medievales. En estas, además, se desarrolla mucho el tema de la diferencia entre el animal y el hombre. Mientras el segundo sería un ser equívoco, el animal sería unívoco, es decir, con cualidades positivas o negativas pero constantes.

Dada la diversidad, complejidad y evolución biológica de los animales, se convierten en protagonistas de la jerarquía de los instintos. La lucha entre los animales tiene su propia simbología, que se puede asociar en algunas culturas al triunfo del día sobre la noche, o del bien sobre el mal, como cuando vence el toro al león.

Los animales se vinculan a los elementos en función de su hábitat natural, aunque sean muy distintos entre sí. Por ejemplo, las aves acuáticas, los peces y las ranas tienen muy poco en común pero las tradiciones y culturas los vinculan a las denominadas «aguas primordiales», por lo que adquieren significados en relación con los mitos de los orígenes o de la resurrección.

En la cultura y mitología egipcias la presencia de los animales es constante. Tenemos al carnero con sus cuernos encarnando la fuerza, siendo el símbolo de Amón Rá; el buey simbolizaba a Osiris, el dios de la fertilidad y en relación con la agricultura; la serpiente barbuda era el buen genio, mientras el toro era Apis. El chacal simbolizaba a Anubis, el escarabajo con cabeza de carnero sería el Nilo, el buitre, Neith; el sphinx barbudo era Phreh; el halcón representaba a Horus o a Pheh, el Sol, pero sí el halcón llevaba un disco en la cabeza simbolizaba a Hathor y luego a Hermes Trismegisto, que se asociaría a una suerte de sincretismo entre el dios egipcio Thot y el griego Hermes.

Los animales, por fin, aparecen como obra de Dios en la Biblia.

En masonería los animales se introducen porque podían representar virtudes y máximas. Además, suelen aparecer con una gran frecuencia en los altos grados, aunque también estarían en la masonería simbólica. En este *Diccionario* se han incluido entradas específicas a algunos animales. En distintos Ritos masónicos los maestros deben poseer algunas de las cualidades que se presumen a los animales. Así, en el Rito de la Estricta Observancia el maestro masón debe tener las del león, el mono y el águila. Del primero debía poseer el valor y del corazón, mientras que del mono, la inteligencia y la vivacidad. Por fin, del águila le vendría la audacia y la vista.

ÁRBOL. El árbol es, sin lugar a dudas, un símbolo universal, con distintos significados según las diferentes tradiciones, pero también por sus sus partes, ya que tiene raíz, tronco, hojas y flores, con sus propios significados. Por otro lado, también influye en la simbología el lugar donde crecen, si tienen propiedades curativas, y otras características.

El árbol, por lo general, se asocia en casi todas las culturas a la vida y la perpetua evolución. Pero, precisamente, por su composición sería una representación el cosmos, ya que tiene un nivel subterráneo con sus raíces, estaría sobre la superficie terrestre con el trono, y se vincularía al cielo o las alturas con sus ramas. Por otro lado, se relaciona con los cuatro elementos. El agua estaría en la savia, la tierra se relaciona con las raíces y el aire da alimento las hojas. ¿Y el fuego? También tiene su presencia en el árbol cuando se quema su madera. Por fin, el propio tronco del árbol puede ser como el eje del mundo.

Los antiguos consideraban que los árboles tenían energía divina, y que podía ser empleada por los iniciados en los distintos misterios. Por su parte, el bosque representa el misterio, pero también el refugio de quien se alejaba del mundo profanado, representado por la tierra cultivada. El árbol adquiere en las iniciaciones una simbología sobre el estado del ser. Para los celtas el roble era sagrado y bajo sus ramas se producía la iniciación, fundamental para los druidas, que escuchaban el susurro de sus hojas en el viento para interpretar los mensajes divinos. Además, sus hojas se empleaban como ingredientes para pociones, rituales de protección y purificaciones. El roble era también considerado sagrado, somo símbolo de justicia y rectitud moral. En Grecia el vellocino de oro fue robado por Jasón de las ramas de un roble. Por su parte, el saúco se asociaría a Pan y el laurel a Dionisos. El roble también era muy importante para los romanos porque era emblema de Júpiter. En otras culturas, hay que destacar el tamarisco en relación con Osiris, y la higuera para los budistas como símbolo de iluminación.

En los altos grados el árbol aportaría una serie de significaciones dependiendo de su aspecto y de donde se representa. Estarían el árbol del Apocalipsis con doce hojas y frutos y el Árbol de la Ciencia. Pero, además, se produjo la tala de árboles para construir el Arca de Noé o para hacer el Arca de la Alianza y, sobre todo para la construcción del Templo de Salomón.

La Masonería de adopción, es decir, la masonería para mujeres tutelada por los hombres, cuyas leyendas se inspirarían en las leyendas de «nuestros primeros padres», empleaba mucho, por su parte, el simbolismo del Árbol de la Ciencia.

El Árbol de la Vida, que aparece en la Cábala, se encontraría en el centro del Paraíso, y representaría la armonía y el crecimiento espiritual, mientras que sus doce frutos representarían la misma esencia del árbol como manifestación del Sol, y entre los que destacarían el amor, la verdad, la belleza o la sabiduría. El Árbol de la Vida sería como un mapa de la creación. En el catolicismo el Árbol de la Vida representaría el estado inmaculado de la humanidad libre de corrupción y del pecado original antes de su caída. San Buenaventura explicó que la fruta medicinal del Árbol de la vida sería Cristo, y San Alberto Magno expuso que la Eucaristía era el fruto del Árbol de la vida. Para el cristianismo ortodoxo sería el amor de Dios. En masonería el Árbol de la Vida tendría su relación con el templo masónico.

Los árboles aparecen en alguno de los altos grados del Rito de Misraim. Por fin, también estaba en el Rito de Cagliostro.

ARCA. Se trata de un símbolo vinculado al concepto de depósito donde se conserva el conocimiento sagrado, y también con la conservación y el renacimiento.

El Arca de la Alianza se hizo en madera de acacia forrada de oro siguiendo las instrucciones que Moisés recibió directamente de Dios, con el fin de contener las tablas de la Ley. El Arca de la Alianza recoge gran parte de la tradición judía.

El Arca de Noé fue realizada también por mandato divino. Representaría la morada protegida por Dios y para salvaguarda de las especies y el conocimiento Al terminar el Diluvio, el Arca de Noé se encontraba en el Monte Ararat, habiendo conseguido conservar el conocimiento, precisamente, antediluviano, la antigua tradición.

En masonería el Arca de Noé aparece en las logias de adopción, pero, sobre todo, en distintos altos grados del Rito Escocés Antiguo y Aceptado, especialmente en los más elevados.

El término arca se ha empleado en masonería para dar nombre a distintos ritos y grados.

ARCO. Símbolo de la tensión de la que brotan los deseos inconscientes. También tiene un papel fecundador. El arco de Ulises, por su parte, era la representación del poder del rey, el único que lo podría tensar. La relación del arco con la autoridad espiritual aparece en las tradiciones judía, pero también en las egipcia y griega.

El arco aparece en las iniciaciones de los caballeros, y como arma, puede variar su simbología en función del material con el que se hace.

Dada la vinculación de la masonería con la construcción debemos recordar la importancia del arco. En la arquitectura el arco es fundamental porque parece que se eleva, y así en masonería sería como la victoria de lo espiritual sobre lo material. En alguna medida, parece como un arco ojival del gótico. Por fin, el arco da título al grado 13º del Rito Escocés, es decir, el Real Arco.

ARCO IRIS. El arco iris es un símbolo que permite unir el cielo con la tierra, o lo que es lo mismo, sirve de puente entre lo divino y lo humano. En Grecia el arco iris en esa función de transmisor del mensaje de los dioses se encarnaba en la diosa alada Iris.

En el cristianismo representaría el perdón de Dios y la salvación de la humanidad a través de la Iglesia, que sería el arca sobre la montaña. El arco iris vendría a ser un símbolo complementario del Arca de Noé porque aparece por encima del mismo cuando pasó el diluvio en el momento de la reconciliación entre el cielo y la tierra. Al parecer, San Juan comparó el arco iris con la esmeralda porque el verde sería el color que más predominaría en el mismo.

En masonería se recoge el significado espiritual del arco iris por ser símbolo de la alianza entre Dios y Noé. En el Rito Escocés Antiguo y Aceptado el arco iris se refiere a la construcción de la torre de Babel, y en determinados altos grados hay collares con los colores del arco iris. Esos colores también aparecen en el Rito de Misraim en un determinado grado en el altar y los collares. Por su parte, en el Rito de Adopción también aparecería en el altar, por encima del mismo.

ARENA. En masonería la arena puede ser blanca, es decir, la sal, o amarilla, y entonces es la pimienta en los ágapes o banquetes rituales.

ARES / MARTE. El Ares griego o el Marte romano era el dios que presidía los Consejos y se vinculaba a los combates y la guerra. En antiguos Misterios los iniciados consagraban la tercera libación a esta divinidad. En masonería se vincula al brindis que se hace en honor del Venerable de la Logia, por lo que consideramos que se recogería parte de esa tradición de libaciones y la idea de la presidencia, ya que el Venerable Maestro es quien preside o dirige la logia, por lo que no parece que haya ningún simbolismo de raíz guerrera.

ARMAS. Las armas tienen una rica simbología al relacionarse con virtudes y con fuerzas evidentes que equilibran el espíritu. Hay armas que tienen que ver con el poder y la administración, como son el mazo, el bastón y el látigo. En relación con lo guerrero y la vigilancia estarían la lanza, la espada y el arco. Atributos de la caza son el puñal y el venablo, mientras que el rayo y las redes lo serían de la divinidad suprema. Los distintos materiales de las armas también matizan los simbolismos de las mismas.

Los cañones son los vasos y las copas de los banquetes masónicos. En logias militares existiría el Maestro de Armas.

ARMIÑO. La piel del armiño se ha relacionado tradicionalmente con el poder. Así pues, los mantos de reyes y hasta las togas o esclavinas de dignatarios de la Iglesia han llevado forros de dicha piel. El armiño aparece con frecuencia en la heráldica.

En masonería existirían forros que recordarían la piel de armiño para simbolizar el esplendor de la orden, pero también la inocencia, la pureza y la justicia.

ASTROS. Los astros tienen una importancia simbólica evidente. En su conjunto son símbolos del comportamiento perfecto y regular, así como de la belleza máxima.

En masonería los astros están presentes en el templo. En la pared del Oriente se encontraría el sol y la luna en su fase de cuarto creciente, mientras que el resto del disco se pinta de negro. Además, ambos son emblemas de los dos Vigilantes, el primero y el segundo, porque les recuerdan los antiguos misterios cristianos.

Los astros estarían representados por los distintos oficiales de la logia, además de lo expuesto sobre los emblemas de los vigilantes. El Venerable Maestro como autoridad representa a Júpiter, señor de los dioses-planetas. El Primer Vigilante representa a Marte porque es el principio activo de la fuerza. El Segundo Vigilante representa, por su parte a Venus, el principio pasivo o la belleza. El Orador representa al sol porque este oficial tiene mucha importancia en el Oriente en su responsabilidad de ser garante de la ley masónica. El Secretario es representante de la luna, que es la memoria y el reflejo de la ley, justo frente al orador en el Oriente, con el Venerable en medio. El Maestro de Ceremonias representa a Mercurio, el mensajero de los dioses, que se mueve por el Cosmos, que, como es sabido, está representado en el Templo. El Experto representa a Saturno, el señor del tiempo, y hermano terrible en la iniciación. Los demás oficiales de la logia representarían a los satélites de los planetas. El resto de hermanos, sin desempeñar oficio en logia, serían los cometas.

ATAÚD. El ataúd tiene un simbolismo vinculado al descenso a los infiernos y la resurrección, por lo que lo encontramos en las mitologías y tradiciones egipcia y grecorromana, es decir, vinculado a Osiris, Orfeo, Hércules, Dionisos o Baco.

En masonería el ataúd es fundamental en la leyenda de Hiram y, por tanto, en la ceremonia en la que se llega a ser maestro. El ataúd representa las puertas de la muerte que todo iniciado debe pasar para que muera su vida anterior y pueda renacer en un mundo superior de conciencia y acción. El ataúd es símbolo de la caducidad de la vida y el destino del cuerpo, siendo una enseñanza para el soberbio y para los que solamente dedican su vida a la satisfacción de los apetitos carnales. Cuando un masón es introducido en el ataúd con el fin de que llegue a ser maestro, debe morir para esa vida material, especialmente por su vinculación con el vicio, y ser digno de merecer las luces de la vida espiritual, de la perfección.

ATRIBUTOS. Los atributos son los objetos que se asocian a los dioses y luego a los personajes sagrados en el catolicismo para representar o simbolizar sus virtudes o características. En masonería representarían doctrinas, ideas, y mitos de la misma, y suelen estar en las denominadas decoraciones y joyas que portan los masones. Por su parte, en el Rito Escocés Antiguo y Aceptado se considera que Dios tendría los siguientes atributos: belleza, sabiduría, misericordia, conocimiento, eternidad, perfección, justicia, compasión y creación.

AURORA. La aurora es la luz sonrosada que anuncia por el Oriente la salida del Sol en el nacimiento de un nuevo día. Aparece en la bóveda celeste, y en los altos grados determinaría la hora del comienzo de los trabajos, así como el color de algunos atributos.

La aurora boreal puede ser sinónimo de la bóveda celeste del templo en algunos ritos. La aurora es el color de las colgaduras del grado 16ª del Rito Escocés, y también del Egipcio.

La aurora aparece en distintas iconografías masónicas según se representaría antiguamente, con un tenue ropaje de color canario, y una antorcha o vara en la mano, saliendo de un palacio de granate y subiendo en un carro tirado por caballos blancos con freno de oro y riendas de púrpura.

AVESTRUZ. Del avestruz en el mundo de los símbolos destacarían sus plumas porque representarían a Dios y simbolizarían la justicia, la equidad y la verdad o el orden universal que se derivaría de estos principios.

En masonería aparece en algunos altos grados.

AZADA/AZADÓN. La azada se empleó, como una de las tres herramientas, para descubrir y levantar la piedra cuadrangular que cubría la entrada a la bóveda sagrada de Enoch por parte de los Grandes Elegidos Perfectos y Sublimes Masones.

La masonería emplea el término azadón para designar el tenedor en los banquetes.

AZUFRE. El azufre es uno de los principios herméticos, junto con la sal y el mercurio. El azufre es activo, fijo, estable, centrípeto, y simbolizaría el espíritu y el principio masculino. Azufre y mercurio simbolizan la derecha y la izquierda, lo activo y lo atractivo, lo eléctrico y lo magnético, lo creativo y lo receptivo, el yin y el yang.

El azufre es un principio generador activo de la alquimia que fecunda o mata el mercurio inerte. En la alquimia el azufre es, por consiguiente, fundamental.

En el cristianismo el azufre se asocia al infierno. Aparece en la Biblia como llama humeante vinculado a Lucifer. El azufre con su color amarillo sería símbolo del egoísmo de quien no buscaba la sabiduría más que en sí mismo, intentando convertirse en una especie de divinidad, por lo que se comprueba la vinculación con el demonio.

En masonería el azufre es un elemento que está muy presente en la iniciación.

AZUL. Color vinculado a Júpiter, y también con la justicia. Kandinsky teorizó sobre el color azul relacionándolo con el movimiento de alejamiento y hacia el centro, a su vez, del hombre. El azul es el color de las almas. Los egipcios creían que el azul celeste era el color de la verdad. El azul tiene mucho que ver con lo inmaterial, como estamos viendo, con lo invisible. Además, simboliza la piedad, el frío, la templanza, la dulzura, la lealtad, la recompensa y el acero, así como la sabiduría trascendente.

Esta riqueza simbólica no podía dejar de impresionar a la masonería, que vincularía el azul al aire, al cielo o bóveda estrellada, y a la columna de la belleza. Es emblema de la amistad, de la fidelidad, del propio templo masónico y de la perfección del Gran Arquitecto del Universo.

El azul es un color muy relacionado con las vibraciones espirituales más elevadas, y así su presencia en constante en distintos ritos y grados. La masonería simbólica se denominada Masonería azul, es decir, la masonería de los tres primeros grados. El Rito Francés es un rito azul porque la mayor parte de sus decoraciones, el mismo mandil, y el templo son de ese color. El Rito de Menfis también emplea mucho el color azul.

B

Segunda letra del alfabeto masónico. Es la abreviatura de Boaz, una de las columnas de la entrada al templo.

BALANZA. El símbolo por antonomasia de la justicia es la balanza, pero también de la prudencia y la moderación. En relación con la justicia aparece asociada a la espada.
La balanza tiene que ver con la armonía en el Universo. Tiene dos platillos, la Justicia y la Paz, y que se vinculan gracias el eje de la balanza, que denota el equilibrio. Por eso, en masonería es un símbolo de la rectitud, una virtud fundamental, y también, lógicamente de la justicia, principio también que debe regir entre los masones. Las distintas obediencias o potencias masónicas dedican parte de sus reglamentos a tratar de los aspectos relacionados con la justicia.

BALAUSTRE. El balaustre es una forma moldeada, a modo de columnita y generalmente con molduras, que soporta el remate de balcones, terrazas y escaleras. Un conjunto de balaustres es la balaustrada. Así pues, estamos tratando con un concepto propio de la arquitectura y la masonería se hizo con el mismo para simbolizar las actas que redacta el Secretario en una tenida. En cierta medida, esas actas vendrían a ser como esos balaustres sostenedores. Algunos autores consideran que los balaustres, en realidad, solamente serían los documentos que expiden los Soberanos Grandes Inspectores del grado 33° del Rito Escocés Antiguo y Aceptado.

BANDA. Una banda es una tela que se coloca de un hombro a la cadera de lado opuesto. La portan los masones, y es de distinto color en relación con los distintos ritos o grados, y se lleva a partir del tercer grado. Desde el punto de vista masónico, la banda simboliza la elíptica. La banda también puede aparecer como cinta.

BANDERA. La bandera simboliza la servilleta en los banquetes masónicos. La gran bandera sería, por su parte, el mantel.

BANQUETE. El banquete o tenida de mesa es una ceremonia ritual llena de símbolos, especialmente, en relación con los alimentos que se consumen, y donde se celebran fiestas fundamentales como los solsticios u otras fechas o acontecimientos importantes. Es importante compartir en sus inicios el mismo pan y el mismo vino en una copa por su simbolismo en relación con la iniciación y la fraternidad.

La disposición de la mesa y la organización del banquete recoge una larga tradición simbólica que podemos vincular con la Sagrada Cena o con la Tabla Redonde de los caballeros del Grial. Pero otras culturas también han dado mucha importancia a este tipo de banquetes.

La disposición de la mesa simboliza o representa la bóveda del templo. En el banquete del solsticio de verano no se representa el hemisferio superior, mientras que en el del invierno sería el inferior. La mesa también se vincula con una posición según el Zodiaco, y los oficiales se dispondrían en función del mismo.

La sala donde se realizan los banquetes se denomina «húmeda» y deben decorarse con los colores del templo, debidamente iluminada y con decoraciones de estandartes y alegorías. Estaría presente en la misma el altar de los perfumes que debe colocarse en el Oriente el Delta o la Estrella flamígera. Esto significa que el banquete es una continuación de los trabajos en el templo, por lo que es ritualístico.

Es muy importante el cuidado de los objetos que se emplean en el banquete con su propio simbolismo. Por fin, los brindis siguen un estricto orden y significado, aunque puede variar en función del Rito, los rituales y los usos y costumbres de las logias.

Los alimentos tienen su propio simbolismo, como estamos viendo en este *Diccionario.*

BASTÓN. La presencia del bastón es casi universal entra las tradiciones y culturas en relación con un significado mágico, pero también de orden. El bastón sirve en los rituales para regular la marcha y es un signo de la autoridad.

En la Antigüedad contamos con el bastón de Hermes con el que hizo el caduceo, símbolo de las dos corrientes contrarias de la energía cósmica. Bastones importantes hemos visto en la Biblia. Ahí estaría el de Moisés que se transformó en serpiente como prueba del poder de Dios. También tenemos el bastón de San José que, en cambio, floreció como signo de regeneración. En la Historia tenemos bastones de mando que en su máxima expresión serían el cetro de los reyes, un símbolo de la soberanía y del poder, y que alude a uno de los atributos de Salomón. Pero también los peregrinos llevaban un bastón, así como, los chamanes, magos y maestros. En estos casos el significado del bastón gravita sobre la idea de los viajes. Importante fue el bastón en forma de cayado, que llevaban los augures en Roma, sirviéndose del mismo para dividir las regiones del cielo cuando observaban.

Por otro lado, se llamaba bastón a una insignia que los emperadores romanos otorgaban a los gladiadores que habían salido vencedores en sus combates.

Por fin, existió el «pedum», una especie de bastón pastoral retorcido por uno de sus extremos que, según la mitología, lo portaban Paris, Pan, Atis, Acteón, los faunos y los sátiros. En principio, era un bastón para recoger los ganados, pero que terminó consagrado en el paganismo para tomar los augurios, pasando a ser denominado «lituus».

En masonería es un atributo del Maestro de Ceremonias y lo emplea en todas sus funciones, siendo la más importante cuando con el Maestro Experto, que porta la espada, se cruzan ambos instrumentos para formar la escuadra por encima del altar en las invocaciones. En algún alto grado del Rito Escocés Antiguo y Aceptado el bastón se denomina báculo.

BESO. El beso es un acto y un símbolo de la unión entre dos personas en un sentido espiritual más allá de otras connotaciones. En el Misterio de Ceres había un beso iniciático con este sentido. En el cristianismo el ósculo o beso es muy importante desde que lo formuló San Pablo. Desde entonces se besa el anillo de un obispo, se besan las reliquias de los santos, y hasta se besarían los pies de hombres santos y distintas jerarquías. Por fin, en masonería tiene un sentido íntimamente ligado entre lo espiritual y lo fraterno, siendo triple. El beso se puede conocer con la denominación de ósculo. También estaría el ósculo de paz. Todos se vinculan con el abrazo fraternal.

BIBLIA. En masonería se emplea generalmente, aunque no en todas las logias, la Biblia como el Libro de la Ley Sagrada, pero en un sentido simbólico y no teológico. Es una de la Tres Grandes Luces de la logia.

BIELDO. Apero empleado por el labrador para separar el trigo de la paja gracias a la acción del viento. En algunas tradiciones adquirió un simbolismo místico precisamente porque separaría la virtud de los vicios. En la Antigüedad se vinculó a los iniciados de los Misterios de Baco. En masonería, por lo tanto, se asociaría con esa línea de instrumento separador.

BLANCO. En realidad, estaríamos hablando de la ausencia o de la suma de los colores cuando hablamos del blanco. Vendría a ser el «no color».

El blanco es el color del candidato, el que va a cambiar su condición, y es fundamental en la iniciación, teniendo que ver con la muerte y el renacimiento. En el cristianismo el blanco está presente en el bautismo, pero en el Apocalipsis era el color de las vestiduras de los que habían salido porque habían lavado su ropa. Además, el blanco es el color de la consagración. El blanco es el color de las apariciones y de la revelación, el color de la túnica de Dios. Simbólicamente se ha asociado también a la virginidad, o la inocencia en la justicia. Tiene que ver con la sinceridad, la esperanza y la buena fe. Como es síntesis de todos los colores representaría la unidad.

En masonería el blanco es símbolo de la luz y la verdad, también de las mencionadas sinceridad, la inocencia y la pureza, recogiendo toda la simbología anterior. Es la suma de todas las virtudes, es también la victoria y la sabiduría. En las iniciaciones sería el color para el candidato. Los guantes masónicos son blancos.

Por fin, existe la Masonería blanca, de los últimos grados del Rito Escocés Antiguo y Aceptado porque se ha alcanzado la plenitud, el triunfo de la espiritualidad.

BOAZ. Nombre simbólico de una de las columnas que, fundidas por Hiram por orden de Salomón, se colocó en la puerta del Templo. Es, por lo tanto, una de las columnas del templo masónico, y palabra sagrada en el grado de aprendiz del Rito Escocés Antiguo y Aceptado, aunque del segundo en el Escocés Reformado. También es el nombre del tercer escalón de la escala simbólica masónica.

BÓVEDA CELESTE. La bóveda celeste es un símbolo de la universalidad. Por ello, constituye la cubierta del templo. Como tal bóveda celeste se decora con las constelaciones de un fondo azul que debe ser más claro hacia el lado del Oriente porque de allí emana la luz que se representaría por la aurora, y se debe ir oscureciendo a medida que se llega al lado de Occidente donde se representa el Ocaso.

Existiría, por su parte, la bóveda secreta en los altos grados del Rito Escocés Antiguo y Aceptado.

BRAZO. El brazo simboliza la fuerza, el poder, el socorro y la protección. Con los hombros y las manos se representaría el poder de hacer, obrar y operar. Los brazos levantados en distintas religiones y liturgias simbolizarían la solicitud de gracia y de los beneficios divinos.

El brazo se ha convertido en la historia en uno de los medios de expresión en relación con la justicia. Recordemos, en este sentido, la expresión del «largo brazo de la ley». Simbólicamente, además, el brazo es una prolongación del espíritu.

En masonería el brazo, como las manos y los dedos, se vincula a los distintos signos de reconocimiento. Por fin, el profano en la iniciación llegaría al templo con un brazo atado para indicar la incapacidad para la acción de los no iniciados. En el pasado, del brazo se extraía la sangre del profano en la iniciación.

BREZO. La planta del brezo se ha empleado en distintas ceremonias de iniciación en la Antigüedad por su condición sagrada. En cierta medida, se asocia a la acacia porque tiene que ver con la resurrección y la inmortalidad. Si la raíz de la acacia se encontraba en la tumba de Hiram, el brezo o erica estaría entre los restos de Osiris. Así Isis, cuando estaba buscando los restos de su esposo asesinado, lo descubrió en una loma de una colina cerca de la cual creía la planta del brezo. Cuando recobró el cuerpo y estableció los misterios para conmemorar la muerte y su hallazgo, convirtió en sagrado al brezo.

BRONCE. El bronce es aleación de cobre y estaño, aunque en ocasiones, en la misma se puede incluir otros metales como el cinc, el plomo, y hasta la plata ha podido sustituir al estaño. El simbolismo de esta aleación tendría que ver, lógicamente, con la de los metales que participarían en la misma.

El bronce ha estado muy asociado a distintos cultos en la Antigüedad al ser empleado para muchos instrumentos e imágenes. De la misma forma se emplea en los rituales masónicos. En ocasiones se le atribuyó la condición de alejar y conjurar los espectros y los espíritus impuros.

El bronce es un símbolo de la incorruptibilidad y de la inmortalidad, así como de la justicia inflexible.

Debemos recordar que el bronce surgió por la necesidad de crear una aleación con la dureza necesaria frente a la excesiva maleabilidad del cobre.

BUEY. El buey es un animal que simboliza la bondad, la calma, pero también la fortaleza, el trabajo y el espíritu de sacrificio. El buey ha sido un animal sagrado en distintas culturas y se ha ofrecido en sacrificio. Así, los lacedemonios sacrificaban un buey a Marte cuando habían ganado una batalla por medio de algún ardid (si la victoria se había alcanzado sin engaño el sacrificado era un gallo). Los romanos en el triunfo sacrificaban a Júpiter capitolino dos bueyes blancos de la Umbría. Las cabezas de bueyes aparecían decorando los altares romanos. Se asociaban a ritos de labor y fecundación de la tierra, es decir, en relación con la agricultura, el trabajo y la paciencia. Los bueyes, no olvidemos, abren surcos tirando con el yugo del arado. En este caso, los romanos los respetaban al máximo y no los sacrificaban. Escritores de agronomía tan destacados como Columela o Plinio dejaron muy claro que no se podían sacrificar y que si ese hecho se producía los culpables serían castigados con graves penas. Antes, los egipcios colocaban tres cabezas de bueyes sobre la estatua de Isis. Simbolizaban los tres tiempos fundamentales en agricultura.

En masonería, se considera al buey más en esa dimensión relacionada con la fortaleza y, como no podía ser de otra manera, con el trabajo constante. Los bueyes simbolizarían también la domesticación de los instintos y de las pasiones humanas. El buey ayudaría al masón en su trabajo para controlar las emociones y los deseos para conseguir el equilibrio, es decir, tendría una gran importancia en esa construcción del templo interior. Por otro lado, los bueyes pueden ser considerados como los guardianes de los secretos masónicos y de la hermandad entre los masones.

Por fin, los bueyes aparecen en la construcción del Templo de Salomón. Representarían al dios Apis, proveniente de Osiris y Ptah.

BÚHO. Estamos hablando de un animal muy simbólico en la heráldica, ejemplificando el valor que vence a la cobardía escondida tras las sombras. Es el símbolo por antonomasia de Minerva, y luego el cristianismo adoptaría al búho en un sentido distinto, porque sería mensajero de la muerte.

Los masones ofrecerían una nueva dimensión simbólica del búho al asociarlo a la prudencia, el retiro y la vigilancia en la oscuridad. Por eso puede aparecer en la Cámara de Reflexión donde se encierra al profano en su primera etapa en la iniciación, y en algunos emblemas.

La Orden de los Iluminados de Baviera del siglo XVIII tenía un búho como símbolo.

BURIL. En masonería es el nombre simbólico de la pluma o del instrumento de escritura que emplea el Secretario de una lógia simbólica. Al ser una herramienta de acero templado y de forma puntiaguda se usa para grabar las columnas y balaustres de ciertos grados, y para designar el lápiz con el que se trazan las planchas. El buril se asocia en su simbolismo al cincel.

C

CÁBALA. La Cábala es la tradición mística del judaísmo. Busca la comprensión de Dios y de la unión con él a través del estudio y la observancia de sus normas. Trataría de la esencia de Dios y de las causas primigenias de la creación.

La tradición hebrea influyó claramente en la masonería, por lo que recogió distintos símbolos de la misma. El principal de ellos sería el nombre inefable de Dios, que Hiram guardó celosamente trabajo en un triángulo de oro y representaba la palabra sagrada de los maestros, y que se recoge en el interior del Delta

CABEZA. La cabeza es un símbolo de la manifestación del espíritu, mientras que el cuerpo lo sería de la materia. Es un principio activo, por lo tanto, y que gobierna los actos.

En distintos altos grados aparecen cabezas tanto humanas como de animales con significados un tanto distintos y complejos.

CADÁVER. Los cadáveres son muy importantes en todas las culturas y siempre han sido protagonistas de ceremonias y actos especiales. Recordemos, en ese sentido el embalsamamiento y la momificación egipcia, además de todo el complejo ceremonial que acompañaban los entierros, y todo para evitar la corrupción. En la Antigüedad grecorromana estaba el cerrado de los ojos, lavando el cadáver para luego embalsamarlo y depositarlo sobre un lecho o tálamo fúnebre en alguna habitación de la casa. Después de unos días se procedía a un complejo funeral con la cremación final y el recogimiento de las cenizas en una urna. Los griegos, específicamente, tenían mucho cuidado en vestir los cadáveres. Y no se olvidaban de la moneda para Caronte.

En masonería, el cadáver iría íntimamente al estudio de la muerte. La masonería tiene una clara dimensión filosófica y la muerte es una cuestión importante. Se honran los restos mortales de los masones en las conocidas como tenidas fúnebres, pero, además, en distintas ceremonias de todos los ritos intervienen los cadáveres como estímulo para el estudio del misterio que supone la muerte como transformación y renacimiento. En este sentido, es fundamental en la recepción del tercer grado, es decir, el de maestro, en relación con el cadáver de Hiram.

CADENA. La cadena es un símbolo de los lazos y relaciones entre dos extremos, pero también entre las personas. Por eso es un símbolo de unión y de acción en común. Pero, además, puede ser un símbolo asociado a las cárceles interiores de cada persona que, por medio de su trabajo, consigue vencer y romper hasta el último eslabón de la cadena. Por todo ello, es indudable que la cadena está muy presente en masonería.

Alrededor del templo masónico estaría una cadena abierta en Occidente, como símbolo de unión de los masones. Al parecer, en la masonería francesa existía la «borda dentellada», el gran cordón de la logia, que termina en dos grandes borlas. La cadena aparece también en joyas y collares masónicos.

Por fin, es fundamental en el trabajo masónico la Cadena de Unión, es decir, la formación de un círculo en la fase final de la tenida, donde los masones se dan la mano, en el centro del templo. Es el vínculo fundamental de los masones, simboliza la universalización de la Masonería en el tiempo y en el espacio.

CADUCEO. El caduceo es una vara de laurel u olivo, que en su parte superior tiene dos alas, y alrededor de la misma se enrollan en sentido inverso dos serpientes. Es el atributo de Hermes porque se lo entregó Apolo a cambio de cederle el honor de la invención de la lira. Hermes lo empleaba para conducir los manes a los infiernos; por eso, era el caducífero. Los heraldos o mensajeros de la paz (recordemos que Hermes/Mercurio era el mensajero de los dioses) llevaban el caduceo con dos serpientes, que aquí simbolizaban la prudencia, y con dos alas, o la rapidez.

El caduceo representaría el equilibrio, entre lo bueno y lo malo, lo fijo y lo que se mueve, lo cálido y lo frío, es decir, entre dos opuestos. La vara es símbolo de poder, mientras que las serpientes otorgan al caduceo la idea del equilibrio y la sabiduría. Por fin, las alas serían el símbolo de la diligencia. También se ha querido ver en el caduceo un símbolo que representa los distintos elementos, es decir la tierra o varita, el agua y el fuego o las serpientes y el aire, las alas. La vinculación del caduceo con la medicina procede de Mesopotamia. Pero el caduceo también se hizo símbolo del comercio, otra conexión con Hermes/Mercurio, por su efecto civilizador. También se vinculó a la ciencia y el progreso, cuestiones que interesaron a la masonería, pero en la misma se le ha dado más importancia en su relación con el equilibrio que hemos visto por su interés en integrar las tendencias contrarias que se presentan y sobre el eje.

CAÍN. Según el Génesis, Caín fue el primer hombre nacido de hombre y mujer, es decir, de Adán y Eva. Fue el primero en ofrecer ofrendas a Dios, así como el primer homicida al terminar con la vida de su hermano Abel, considerado el genio del bien. También sería el primer constructor de una ciudad y el primero que se alejó de la presencia de Dios. Caín se convirtió en símbolo de la responsabilidad de los actos.

En este sentido, la masonería adopta a Caín para representar las pasiones, el orgullo, los celos y la perversión del mal que lucha contra el bien, en alusión a su leyenda bíblica. Al parecer, su presencia fue importante en el Rito de Adopción en el grado de compañera.

CAJA. Estaríamos hablando de un símbolo asociado al cuerpo femenino que contendría de forma secreta aquello que es precioso, frágil o temible. Estos tres significados hacen que en masonería existan distintos tipos de cajas. Estaría la de escrutinios o balotaje para votar, y la caja de Pandora con el significado conocido de que no debe abrirse porque se desatan los males, por lo que es símbolo de imprudencia. Curiosamente, en este sentido, se usaba en la Masonería de Adopción.

También estaría la caja de socorros, que puede tener varias denominaciones, donde se depositan las ayudas y auxilios para quienes los necesiten, y, por fin, la caja de ébano, la que contendría los planos del Templo de Salomón.

CALAVERA. La calavera forma parte fundamental del simbolismo masónico. Representa la caducidad de la vida, la nada, el destino de los no iniciados, y lo que queda o resta del ser vivo una vez que se ha descompuesto su cuerpo.

La calavera aparece ya para el profano que se va a iniciar en el Cuarto de Reflexión. Allí le recuerda el último de los significados que hemos referido, es decir, lo que queda al hombre una vez que muere.

En distintos ritos se encuentra en el tercer grado en el Oriente, como una «linterna sorda», porque de los ojos y boca de la calavera salen rayos de luz.

La calavera está muy presente en los altos grados del Rito Escocés Antiguo y Aceptado.

CANDELABRO. También aparece como candelero. Es un objeto de metal de oro o que intente simularlo, que se emplea para sostener las velas o iluminarias. Su presencia es constante en todas las ceremonias masónicas, variando el número de brazos según el rito y/o grado en el que tengan lugar los trabajos masónicos.

CARBÓN. El carbón simboliza la energía oculta que, por medio de su combustión se transforma en calor. Recordemos que el carbón es un combustible fósil.

En masonería el carbón puede aparecer en su estado natural, es decir, negro y frío, y en este caso simbolizaría la constancia, o la «vida durmiente» que espera la llama que revitaliza y produce el calor. En otras ocasiones, el carbón aparece en combustión, es decir, ardiendo. En ese caso simbolizaría el fervor y la fuerza espiritual contenida.

Por otra parte, el carbón estaba muy presente en una especie de organización paramasónica, denominada carbonería, en el siglo XIX, formada siguiendo la tradición del gremio de carboneros, dedicada a la lucha por la unidad italiana y por el triunfo del liberalismo.

CAVERNA. La caverna se asocia al escondite de la verdad, y puede también ser símbolo del corazón y del cosmos. No olvidemos, por su parte, la alegoría de la caverna de Platón.

En masonería sería como el mundo donde la luz provendría de un sol invisible, y que en la iniciación sería el templo donde se introduce el neófito para que conozca el mundo. La caverna aludiría también en masonería al lugar donde se escondieron los asesinos de Hiram, y por eso aparece en algunas ceremonias de los altos grados.

CEDRO. El árbol del cedro suele emplearse como símbolo o emblema de la nobleza, de la perennidad e incorruptibilidad. Salomón, tan presente en masonería, trajo madera del cedro del Líbano para la construcción del Templo.

En el *Manuscrito Dumfries nº 4,* redactado posiblemente en 1710, y considerado como uno de los *Old Charges* o *Antiguos Deberes* y el más extenso, justo antes de la reunión constitutiva de la masonería especulativa en Londres (1723), aparece el cedro en las preguntas referentes al templo. Así en la pregunta tercera en relación con la madera de cedro, se dice que la misma, así como de la de ciprés y del olivo, no estaría sujeta a la putrefacción ni podía ser devorada por los gusanos, del mismo modo que la naturaleza humana de Cristo.

CÉNIT-NADIR. El cénit es término de origen árabe que significa el camino recto, es decir, el punto del firmamento situado sobre la cabeza del que observa, y opuesto al nadir, que también es una palabra de origen árabe que nos indica el punto de la esfera que se hallaría diametralmente opuesto al cénit. La oposición entre este y el nadir se vincula al ciclo de la existencia que se desarrolla en el tiempo. Si el cénit representaría la conciencia de lo divino, el nadir, en cambio, sería la materia, su contrapuesto.

CENIZA. La ceniza, por su condición de resto quemado, se asocia a la extinción de lo terrenal. En el cristianismo la ceniza representa la nulidad de la criatura frente al Creador, según la fórmula «pulvis es et in pulverem reverteris».

En masonería aparecen las cenizas cuando se quema el testamento vital del iniciado, que debe ser incinerado por el Hermano terrible, explicando al mismo que sus más íntimos pensamientos habrían sido purificados por el fuego, y sus intenciones habrían subido hasta el cénit como una ofrenda. Es una alusión a Saturno o Cronos que quemaría todo lo corruptible para que sobre las cenizas se fije el espíritu volátil.

CENTRO. En masonería el centro es el propio templo masónico, el eje sobre lo que todo gira, y donde se desarrolla el trabajo.

CIELO. En el cielo están y se mueven los cuerpos celestes. En el templo masónico sería el techo con bóveda celeste. El cielo representaría el símbolo del orden sagrado sobre el universo. El cielo sería un principio activo o masculino mientras que la tierra sería el principio femenino o pasivo, pero en plano de igualdad, ya que el cielo no es un principio supremo por encima de la tierra. En todo caso, se considera que el cielo también es símbolo de la conciencia.

CINCEL. Herramienta que debe ser sostenida por la mano izquierda, y sobre la que se aplicaría el esfuerzo de la voluntad que está simbolizado por el mazo, sostenido con la mano derecha.

El cincel es el principio activo sobre la materia porque la puede penetrar y hasta recortar, aunque es pasivo en relación con el mazo porque este solamente tiene la capacidad de obrar. Así pues, mazo y cincel van íntimamente unidos en masonería, y sirven para transformar la piedra bruta, es decir, lo profano, para convertirla en piedra tallada o labrada.

CINCO. El cinco es un símbolo del hombre porque estaría formado de cuatro elementos más el quinto que es la cabeza. También domina el cuaternario o la materia. Se suele decir que es el número misterioso porque es la suma del dos, símbolo de lo doble y del tres, que es el de la divinidad. En masonería es importante el pentagrama como emblema del microcosmos, del andrógino y del hombre también. Por otro lado, representaría los cinco sentidos. El cinco se asocia al grado de compañero.

CIRCULACIÓN EN EL TEMPLO. El sentido de la marcha o de la circulación en las tenidas masónicas están muy reglado porque obedece a una propia simbología. El sentido de la marcha puede ser «dextrocéntrico», que es el que sigue el sentido de las agujas del reloj, y el «siniestrocéntrico», que es el contrario. En masonería se considera, por lo general, que la derecha es positiva y masculina y que la izquierda es la parte negativa o femenina, pero sin ninguna connotación de ningún tipo. Así pues, los movimientos en la primera marcha aludida manifestarían el impulso vital, expansivo y activo, y los otros la condensación y la síntesis. El primero es el más empleado en el Rito Escocés Antiguo y Aceptado, aunque hay algún momento de la tenida en el que no se procede así, especialmente cuando los vigilantes recorren el templo para asegurarse que todos los asistentes son iniciados. La interpretación del modo de circular de forma «dextrocéntrica» en este Rito, el más extendido, se basa en la idea de que el iniciado en su búsqueda de la luz parte del Occidente, es decir, del mundo profano, y continúa por el Septentrión hacia el Oriente, pasado por el Sur.

CÍRCULO. Estaríamos ante una fórmula geométrica que en sí es como una totalidad, y por ello se ha empleado en distintas culturas. Es un signo de armonía, del límite infranqueable, y por eso lo vemos en muchas plantas y alzados de iglesias, especialmente de las tradiciones bizantinas y templarias, así como en los trazados que deben defender los templos religiosos, tumbas o espacios sagrados.

En masonería el círculo se vincula con la creación y el universo, y está presente en la Cadena de Unión.

CLIMA. En las logias de adopción el templo se dividía en cuatro climas o regiones: Asia, Europa, América y África.

COCODRILO. El cocodrilo es un reptil que simbolizaría la duplicidad y la hipocresía porque habita entre dos mundos, la tierra y el agua, y tiene los ojos cubiertos con una membrana semitransparente con lo que puede ver sin ser visto. Por todo ello, se vincula a las contradicciones. Esa duplicidad o dualidad del simbolismo del cocodrilo tendría que ver también con el hecho de que representaría la fecundidad cuando habita en el lodo, pero también la crueldad cuando sale de entre la vegetación para atacar y devorar. En alguna cultura es un símbolo del caos primitivo. Así, en la Biblia se le conoce como Leviatán, uno de los monstruos de dicho caos primitivo. En Egipto el cocodrilo Sobek se dedicaba a devorar los corazones de los enjuiciados en el Juicio de Osiris. De ese modo el alma desaparecía. Pero también es cierto que Sobek era un dios de la fertilidad, la vegetación y la potencia creadora. Es más, en el Imperio Medio se vinculó a la realeza.

En masonería el cocodrilo aparece como un emblema de los enemigos y perseguidores de los Templarios.

CODO. Además de ser una unidad de medida que también se usa en Masonería, es una parte del cuerpo humano muy importante en el ámbito simbólico de los toques, signos y reconocimientos en algunos grados.

COLACIÓN. Nombre asociado al banquete o ágape masónicos, pero también puede aparecer en relación con el acto en el que se confieren grados en masonería.

COLORES. Los colores son fundamentales en masonería porque aportan su propia simbología a ritos, rituales, grados, y virtudes, recogiendo toda la riquísima tradición sobre los mismos y sus mezclas.

En Egipto se empleó el color de forma evidente para su simbolismo. El negro era el color póstumo con el que se impregnaba a las momias, el color de Anubis que introducía a los muertos en el otro mundo, simbolizando también, por lo tanto, la resurrección. El verde era el color de la vida vegetal y la juventud y se asociaba a Osiris. Amón estaba cubierto por el azul porque es el dios del aire, mientras que el amarillo o color de oro simbolizaría la carne de los inmortales, y se vinculaba a Ra, dios del sol y al trigo. El rojo se asociaba a la violencia y a lo que hacía daño.

La alquimia, por su parte, interpretaba los colores. El negro representaba la materia, lo oculto, el mal y la penitencia, mientras que el gris era la tierra, el blanco el mercurio y la inocencia. El rojo representaría al azufre, a la sangre, la pasión y la sublimación, el azul sería el cielo y el oro la Gran Obra.

Los colores han adquirido un gran valor religioso en el cristianismo con mucha relación con la luz. La iconografía cristiana está llena de colores. El cristianismo emplea los colores para simbolizar la fuerza ascensorial en los templos y en la liturgia. El blanco es el Padre, el azul es el Hijo, y el rojo el Espíritu Santo, mientras que el verde simboliza la esperanza, el blanco también la fe, la pureza y la castidad, el rojo el amor y el negro la penitencia. Los musulmanes, por su parte asocian el negro con la existencia divina, es decir, donde no se pueden reconocer otros colores, pero también todo aquello que se cubre con el negro representaría un mal augurio. El blanco tiene propiedades benéficas, mientras el verde representaría la energía vital, siendo el color de la paz y la virtud, convirtiéndose en el color del Islam. El amarillo, por su parte, es el color del oro, del Sol y del creyente. El azul oscuro representaría el bien que se hace de corazón, y el rojo, por fin, el color de la gnosis.

En masonería los colores se combinan por tres, cinco, siete y nueve. Los tres primeros son el azul, el encarnado y el amarillo, que formarían los colores primitivos. Los cinco consistirían en los tres primeros más el verde, y el púrpura o violeta. Los siete se formarían con los cinco anteriores más el negro y el blanco. Los nueve se constituirían con los siete y además el color de la piedra y el rojo del fuego. Las virtudes masónicas estarían simbolizadas por los distintos colores. El azul es el emblema de la amistad, fidelidad y de la perfección infinita de Dios al ser el color del cielo. El encarnado es signo de celo y fervor. El amarillo representaría la sabiduría y la magnificencia porque también es el color del oro, pero el saber vale más que el oro en sí. El verde es emblema de la esperanza. El púrpura, asociado en tantas tradiciones con el poder, también lo estaría en masonería porque es símbolo de la dignidad y majestad del mando. El blanco es signo de candor, inocencia, pureza, y representa el conjunto de virtudes porque es la suma de todos los colores. El negro es la pena, la soledad, la tristeza, la circunspección y la muerte. Al ser la ausencia de todo color, representa la ausencia de toda alegría. La piedra es color emblemático de la firmeza y la constancia, y el rojo o de fuego es caridad, y entusiasmo para la filantropía que debe inundar el corazón de todo masón. Cada útil, espacio, joya, vestimenta, etc. de la masonería tiene su propio color o combinación de colores en relación con el simbolismo de cada color. Además, existe la Masonería azul, es decir la masonería simbólica, después estaría la Masonería roja y la negra, en función de los grados.

COLUMNAS. Las columnas son el elemento sustentante en arquitectura más conocido, por lo que en masonería tienen que tener un protagonismo evidente. Son el eje de la construcción y de la solidez. En la tradición judeocristiana unían lo bajo con lo alto, la tierra con el cielo. La columna por este significado se asocia al hombre como mediador entre el cielo y la tierra. La columna, en consecuencia, se convierte en símbolo del hombre. El pedestal es el alma sensible, el fuste la mente o la inteligencia, el ego o el yo estarían simbolizados por el hueco central de la columna, el capitel sería la intuición y fuera de la columna, realmente, el arquitrabe, es decir, ya un elemento sustentado sería el espíritu o principio universal de la vida.

En masonería las columnas se asocian a las del Templo de Salomón, donde había varios tipos o clases. Unas eran de cedro por lo que representaban lo incorruptible y la inmortalidad, y que se colocaron en hilera en la Gran Sala Hipóstila. Luego estaban las columnas de bronce a cada lado de la entrada del Templo. Hiram fue quien las fundió. Estas columnas están en la entrada del templo masónico. La columna Jakin se asociaría al árbol de la vida, sería masculina, activa, ígnea y correspondería al sol. La columna Boaz se relacionaría con la severidad; sería femenina y pasiva, aérea, y se asociaría a la luna. Estas columnas marcarían los límites del mundo profano y marcarían la puerta a lo sagrado.

En el centro del templo estarían en el Rito Escocés Antiguo y Aceptado tres columnas o pilares que corresponden con las tres virtudes que sostienen los trabajos masónicos, y que tienen su propio orden clásico asociado: la Sabiduría (jónico), la Fortaleza o Fuerza (dórico) y la Belleza (corintio).

También se denominan columnas a los bancos de septentrión y sur del templo donde se sientan, siguiendo unas normas, los masones en función de su grado en la tenida. La Columna de Armonía se asocia a la música en la tenida y luego están las columnas de orden en el centro del templo enmarcando el rectángulo ajedrezado, y donde se sitúan las Tres pequeñas Luces, en el centro del templo.

COMPÁS. El compás es fundamental en masonería, con su compañera la escuadra. Diríamos que ambos son los símbolos masónicos por antonomasia, y aparecen siempre estrechamente unidos.

El compás representa en muchas culturas y tradiciones la imagen del pensamiento y del espíritu. Tiene una atribución creadora, dibujando los círculos del mundo. El compás se asocia a la medida y, por lo tanto, se vincula con la justicia, la prudencia o la veracidad. Es emblema, en este mismo sentido, de la geometría, de la astronomía, de la arquitectura y de la geografía.

La justicia es fundamental porque es la que debe medir los actos de los hombres. Por eso, en masonería, junto con el Libro de la Ley Sagrada y la escuadra, es una de las grandes joyas y de las grandes luces, que iluminan la logia. Esa simbología de la justicia se asociaría también al orden. El compás, además, es el que al dibujar señala los límites o «landmarks» de la masonería.

El compás tiene una punta inmóvil, por lo que sería el «centro primordial» de la tradición. Por eso, también representa al maestro.

El compás tiene dos puntas, que indicarían la acción sobre la materia y el ángulo de ambas indicaría los distintos grados de conocimiento. Si el compás está a 45º se indicaría que la materia (escuadra) todavía no has sido dominada completamente por el espíritu, que solo se consigue a 90º, el ángulo recto, el de la equidad y del equilibrio. Con la escuadra en ese momento formaría el exagrama o estrella de David. El hombre no podría traspasar los límites marcados por ese ángulo recto.

En el altar de la logia, en grado de aprendiz, que suele ser el que más se trabaja en la masonería simbólica, la escuadra se coloca por encima del compás porque la materia todavía domina al espíritu. Si se trabaja en grado de compañero se equilibrarían ambos instrumentos, es decir, una punta del compás cubriría a la escuadra mientras la otra estaría por debajo, es decir, se estaría trabajando para dominar la materia. Por fin, en grado de maestro las dos puntas del compás reposarían sobre la escuadra porque el espíritu ya ha predominado sobre la materia. El hombre estaría en el centro, por eso al trabajar en este grado de maestro estaríamos en la Cámara del Medio.

En los distintos ritos masónicos el compás adquiere distintos matices en su simbolismo, pero sin profundas diferencias entre sí.

CONSTELACIONES. Las constelaciones fueron fundamentales en la Antigüedad porque vendrían a ser una especie de espejo simbólico de los hombres, con sus características, pasiones y deseos. El cristianismo adaptó el Zodiaco atribuyendo cada constelación a un apóstol. Las constelaciones tienen mucha importancia para los astrólogos que recogen toda la tradición antigua, pero también para los astrónomos, aunque desde el punto de vista científico. En masonería las constelaciones o el Zodiaco aparecen en el templo rodeándolo.

COPA. En la tradición judeocristiana la copa y su simbolismo tienen una evidente importancia. En la Biblia se alude a que el hombre recibe de Dios su destino como una copa. Puede ser una «copa de abundancia», conteniendo bendiciones, o una «copa de fuego» llena de cólera divina.

Pero es evidente que la gran referencia de la copa es la del Grial, es decir, el cáliz donde según la tradición José de Arimatea recogió la sangre de Cristo. El Grial simbolizaría la revelación y la vida. La copa también adquiere un simbolismo cósmico, como el huevo del mundo separado en dos formas. También se relaciona con el corazón y con el centro sagrado.

En masonería la copa aparece en distintas ceremonias y se presentan distintas interpretaciones, aunque todas girarían en relación con la unión en torno al centro y la inmortalidad. Por su parte, en los banquetes rituales sería costumbre que todos participasen del mismo pan y de beber en la misma copa de cristal verde que recuerde el cáliz, porque el Grial habría sido tallado por los ángeles de una esmeralda caída de la frente de Luzbel en el momento en que se precipitaba al abismo. Esta ceremonia en los banquetes rituales recordaría a los masones el pan y el vino son alimentos primordiales del cuerpo y del espíritu, y que la comunión de ambos, debidamente consagrados, serían el emblema de la eternidad.

El cáliz es también la copa y vaso que empleaban los judíos en sus fiestas religiosas. Es frecuente que aparezca en la Biblia viniendo a significar aflicciones que enviaría Dios a los pecadores.

CORAZÓN. El corazón es símbolo del centro, y ordena la vida espiritual. En los Misterios el que ya ha sido iniciado es dueño de su corazón.

El corazón se asocia al templo masónico porque es el lugar central desde donde se expande la energía y la fuerza. Los masones deben entrar en el templo con la mano en el corazón porque sería su propia fuerza vital la que les conduce al mismo. Cuando el Venerable Maestro cierra los trabajos avisa de que los hermanos deben guardar los secretos en lugar seguro y lo dice con la mano en el corazón. Por otro lado, el corazón aparece en algunos altos grados.

CORDÓN. El cordón es un cinto que sujeta la túnica por la cintura, representando la línea que divide nuestra parte superior de la inferior, es decir, la espiritual de la material.

Anudarse el cordón es símbolo de fidelidad y de protección, porque es a la vez lo que sostiene y lo que encierra. En la iniciación el hermano que presenta al candidato conduce al mismo hasta la puerta del templo llevándolo del cordón, como si se tratase de un cordón umbilical de quien va a nacer a una nueva vida, hasta el atrio donde ese cordón se rompe con el fin de quien va a nacer en una iniciación comience su propio camino.

CRÁNEO. El cráneo es una caja que contiene el cerebro, es decir, el pensamiento. Así se vincula con el mando supremo. El cráneo vendría ser el continente de la fuerza vital del hombre. En este sentido, es significativo que en criptas y catacumbas se han depositado cráneos con el fin de acumular dicha fuerza.

En masonería se vincula a la iniciación en relación con la muerte ritual y el renacimiento a la vida espiritual. El cráneo aparece con dos tibias cruzadas en uno de los altos grados el Rito Escocés Antiguo y Aceptado.

CRUZ. La cruz es símbolo de la totalidad del mundo, del mediador entre el cielo y la tierra, o entre el espacio y el tiempo. Es símbolo de unión de contrarios al cruzarse. En Egipto se empleaba la cruz en las construcciones funerarias porque se consideraba que era un símbolo de la inmortalidad, y se colocaba en el pecho de las momias. La cruz se asocia por sus cuatro brazos a los cuatro elementos que se unen. Para el cristianismo, como es sabido, la cruz es fundamental porque en ella fue crucificado Cristo, y por ello es un símbolo de regeneración y salvación.

En masonería, la cruz representaría el cruce entre el ecuador y el meridiano, es decir de lo divino y lo terrenal. Es símbolo también de la gloria del Gran Arquitecto del Universo.

CUADRADO. Forma geométrica del cuaternario: lo sólido, la tierra, lo material, y en contraposición al círculo que es el cielo, lo infinito y lo que trasciende. El cuadrado representa la obra perfecta y por eso se vincula a la logia, como cuadrado con su punto central donde está el ara.

CUATRO. El cuatro representa el espacio tridimensional de la experiencia sensible. Es, además, poder generador del que emanarían las demás combinaciones numéricas. El cuaternario es la inmortalidad. Es símbolo de ley y orden. En los ritos iniciáticos el cuaternario es emblema del movimiento. Como también es símbolo del orden se vincula a las cuatro estaciones, los puntos cardinales, los elementos, los evangelistas, etc. El cuatro se ha empleado como número sagrado en distintas tradiciones. En masonería, por fin, es la representación de la piedra cúbica.

D

DANIEL. Daniel es «Dios es juez» y fue uno de los príncipes de la Casa Real de Judá que fue llevado cautivo a Babilonia cuando Jerusalén fue conquistada por Nabucodonosor, y también rey de los caldeos. Aparece en los altos grados.

DARÍO. Darío significa «señor», y es el nombre de unos de los príncipes protectores de la masonería, apareciendo en distintos altos grados.

DEDO. Cada dedo tiene significados simbólicos propios. El dedo anular simbolizaría los conocimientos espirituales; el dedo índice tendría que ver con el poder ejecutivo y la intención, mientras que el dedo pulgar sería símbolo del poder porque con el mismo se daría la vida o la muerte.

Señalar con el dedo índice de la mano derecha es una señal muy criticada porque las fuerzas cósmicas que se concentrarían en las extremidades de la mano, si no se ejerce sobre ellas un control, podrían ser origen de maldiciones. La astrología da también mucha importancia a los dedos. Así el pulgar es el dedo de Venus, el índice el de Júpiter, el corazón el de Saturno, el anular el del Sol y el meñique el de Mercurio.

En las sinagogas existen señaladores de dedo para leer los rollos de la Ley. El dedo en la religión judía es muy importante porque estaría en contacto con la palabra de Dios.

En masonería los dedos son protagonistas de las distintas señales y toques de los diferentes grados.

DELTA. Estaríamos ante el triángulo que, en el templo masónico aparece en el Oriente, encima del trono del Venerable Maestro, y entre el sol y la luna, y que simboliza la divinidad y la Naturaleza. Debe estar iluminado específicamente desde que se hace la invocación al Gran Arquitecto del Universo hasta el cierre de los trabajos masónicos en la tenida. Así pues, representa al Gran Arquitecto del Universo, y da luz a los trabajos.

Este triángulo con el vértice hacia arriba representa la realidad de los principios universales. Es emblema de la unidad trina de Dios o de la máxima masónica de la Libertad, Igualdad y Fraternidad. En la tradición cristiana se emplea el triángulo equilátero luminoso y en su centro estaría el ojo rodeado de rayos. Los masones operativos emplearon más el triángulo isósceles, que se puede ver en algunas construcciones.

Las tres puntas del triángulo simbolizarían la triada eterna: pasado, presente y futuro. Los tres ángulos significan sabiduría, fuerza y belleza, o los principios alquímicos, sal, azufre y mercurio. Pueden ser también las fases de la vida: nacimiento, vida y muerte.

DIEZ. Número que simboliza la totalidad y el retorno a la unidad.

DILUVIO. El diluvio está muy presente en distintos mitos y tradiciones, representando la regeneración de la humanidad y un nuevo comienzo. Los dioses destruían de forma periódica el mundo desencadenando alguna fuerza o elemento distinto, como la lluvia en diluvio, para luego crearlo bajo una nueva forma. Así tendríamos el Diluvio Universal y el Arca de Noé.

En el Rito Escocés Antiguo y Aceptado el Diluvio representaría un límite, el que se daría entre la prehistoria y la historia. También aparece en la Masonería de Adopción.

DOS. El dos es un número claramente vinculado con la dualidad, la diversidad, el antagonismo, la desigualdad, el contraste, el conflicto y la separación. Los pitagóricos consideraban que simbolizaba la imperfección del hombre que se había separado de Dios, es decir, de la unidad. En esa visión negativa también estaban los romanos que consagraron su segundo mes a Plutón, que era el dios del infierno. Pero también el dos se vincula al principio femenino, y permitiría que dos fuerzas iguales se puedan unir, por lo que tendría un papel mediador y de equilibrio. De ese modo, el simbolismo del dos adquiere una dimensión más positiva, al representar la cooperación, la unión, la solidaridad y la asociación. En la iconografía es frecuente ver imágenes dobles, como dos leones, o dos águilas, por ejemplo.

La dualidad expresaría la reciprocidad y la oposición. Es el doble en la naturaleza, como el día y la noche, la luz y las tinieblas, el frío y el calor, la salud y la enfermedad, o el hombre y la mujer, etc.

En masonería la dualidad interesa. En la logia existe entre el Venerable Maestro y el Primer Vigilante, que se colocan el uno frente al otro. De ese modo se representa el Uno y su reflejo, el espíritu y la materia. Por otro lado, en masonería se dan muchas dualidades: el sol y la luna, los dos Juanes, las columnas de la entrada del templo o el blanco y el negro del mosaico del pavimento del mismo.

DOSEL. Se trata del ornamento que desde el techo cae por detrás, como una colgadura, del trono de las más altas dignidades como príncipes y papas. Representa la protección de quien ocupa esos tronos. Pero, además, representaría la dignidad del que es centro de radiación y del mundo. Si el dosel es rectangular simbolizaría el reino terrenal, mientras que si es circular, el reino sagrado.

En el templo masónico se coloca sobre el trono del Venerable Maestro en el Oriente.

E

Esta letra representa el Este o el Oriente.
Es la quinta letra del alfabeto masónico.

ECLÍPTICA. Se trata del círculo máximo de la esfera celeste. En las tenidas o banquetes masónicos los comensales deben distribuirse siguiendo la eclíptica.

EDAD. Los masones tienen su edad profana, como todo el mundo, y su edad simbólica, además de su edad en la Orden. La edad simbólica tiene que ver con el grado y el Rito que se practique, mientras que la edad en la Orden se cuenta desde el momento de la iniciación.

ELEMENTOS. En este *Diccionario* hablamos de los elementos de forma concreta. Ahora nos interesa resaltar que en la simbología masónica, inspirándose en la pitagórica, los elementos tienen que ver con el ciclo de la vida humana. La misma comienza con el agua, pasa por el aire y el fuego, los cuales abandonan al maestro cuando fallece, pero le son devueltos en las honras fúnebres con el agua lustral, el incienso y las lámparas. Por fin, el último elemento, esto es, la tierra, es donde penetra el cuerpo, volviendo al punto de partida. En masonería la tierra simboliza el cuerpo o vida profana, el aire, la mente o la filosofía, el agua sería el alma o vida espiritual, y el fuego es el espíritu y la iniciación.

EMBLEMA. Un emblema es una figura simbólica alusiva a alguna cosa, acompañada, en general, por lemas e inscripciones que se refieren a lo que quieren significar. Los griegos darían el nombre a todas las obras de pintura y a los adornos de las vasijas y los trajes. Por su parte, Alciato, famoso por su colección de emblemas en el siglo XVI, hizo extensiva la significación de los emblemas a todos los signos y cifras secretas que se emplean en componer las letras cuando se pretende ocultar su contenido. En todo caso los emblemas han aparecido desde la época de los egipcios.

En masonería es muy común el uso de emblemas en muchos aspectos iconográficos de la misma. En el *Diccionario Enciclopédico de la Masonería* de Lorenzo Frau y Rossend Arús se dice que el símbolo representaría más que el emblema.

ESCALA. La escala o escalera enlaza lo de arriba con lo de abajo. Une dos puntos de distinto nivel. La escalera más conocida es la de Jacob por la que subían y bajaban los ángeles. La escala tiene que ver, por tanto, con el movimiento.

En masonería existe la escala de tres peldaños y se vincula a los tres grados simbólicos, siendo el primer escalón el de la fe, asociado al aprendiz. Es la fe porque el aprendiz debe tenerla en los maestros dada su condición. El segundo escalón es el de la esperanza, el del compañero, porque ya vislumbra parte de la luz y tiene, por tanto, esperanza de alcanzarla. Por fin, el tercer escalón o de la caridad, es el del maestro que, por su condición debe ayudar los anteriores en subir por la escalera.

Después, estaría la Escala Misteriosa en los altos grados. Los escalones son símbolos de la edad del grado masónico, pero también de las distintas virtudes.

ESCRIBIR. En Masonería no se escribe, aunque sí, en realidad, se hace. Según su lenguaje simbólico escribir es trazar, grabar, burilar y hasta dibujar. Trazar es la palabra que se emplea en los grados simbólicos, aunque los maestros pueden emplear el de dibujar. En los grados filosóficos ya no se trazan planchas, se graban o burilan columnas y balaustres.

ESCUADRA. La escuadra tiene una larga tradición simbólica desde Egipto porque Maat, la diosa de la medida y la equidad, portaba, precisamente, una escuadra.

Fundamental símbolo masónico es la escuadra. Es una de las Tres Grandes Luces de la logia, símbolo de la materialidad, de la Creación, y del cuaternario. Es el ángulo recto que forma el principio de toda construcción, y por ello, para un masón es la rectitud moral y la conciencia del hombre.

La escuadra es el distintivo del Venerable Maestro, y por ello, debe ser recto e imparcial en sus juicios, acciones y decisiones porque debe dar ejemplo a los miembros de la logia.

ESCUDO. Se trataría de un arma de protección y defensiva, pero también ha sido una seña de identidad del guerrero que lo porta, y así se recogería en toda la tradición medieval de los caballeros, y luego de corporaciones, órdenes, etc, es decir, adquirió un valor heráldico. En la Antigüedad fue famoso el escudo de Perseo que, aunque era un arma defensiva, al reflejar la luz pudo terminar con Medusa, que se incluyó luego en el escudo de Atenea.

En masonería el escudo representaría la inviolabilidad y la prudencia. En distintos grados del Rito Escocés Antiguo y Aceptado se convierte en emblema del grado, es decir, adquiere un significado de tipo heráldico. En los mismos aparecerían símbolos de ese grado.

En la masonería escandinava se daba el nombre simbólico de escudos a los asientos en las tenidas de banquete, o también broqueles.

ESFERA. La esfera siempre se ha asociado en las distintas tradiciones antiguas a la perfección y la totalidad, pero también es emblema de la regularidad. Para los egipcios era símbolo divino, y para los alquimistas lo era de la totalidad. El Islam considera la primera de las acepciones expresadas, la que asimila la esfera con la perfección.

La masonería recoge esos significados; además la esfera recuerda a los masones lo grande y universal que debe ser la caridad, en sentido masónico, y a la que están llamados a practicar. En el Rito Escocés Antiguo y Aceptado cuando se trabaja en el grado de compañero en la tenida se retirarían las tres granadas que coronan las dos columnas de la entrada del templo por una esfera armilar sobre la columna J y un globo terrestre sobre la columna B, representando las ciencias que se deben estudiar en este grado.

En distintos grados las esferas se pueden bordar sobre las columnas que aparecen en el mandil.

ESFINGE. Como es sabido, la esfinge es un animal fabuloso, compuesto de una parte de ser humano y de cuatro animales. La esfinge era el guardián de los misterios de la sabiduría oculta según explica Plutarco. La esfinge es el enigma, lo secreto, y por eso está presente en la masonería porque los trabajos que realizan los masones deben permanecer ocultos y no deben conocerse. En el Rito de Menphis el Guarda Templo es la «sublime esfinge», precisamente porque es el garante del secreto en la puerta del templo.

ESPADAS. Las espadas disfrutan de una compleja simbología, representando, por lo general, el poder para destruir el mal y para que triunfe la justicia. Las espadas, por lo tanto, tienen una vinculación con la fuerza y el poder temporal. Son armas, y por eso se relacionan con la violencia y la confrontación. Son símbolos del poder que es capaz de dar y quitar la vida. Además, representa la fuerza solar y hasta tendría un sentido fálico, pero no necesariamente sexual, sino de relación con la energía regeneradora que destruye la injusticia y la ignorancia, estableciendo la paz y la justicia, como decíamos al principio.

La espada es luz y relámpago del iniciado masón, y su vaina símbolo de la oscuridad. Así pues, una espada debe desenvainarla un iniciado porque el destello de la luz solar de la espada podría cegar a un profano.

La espada en masonería es de hoja plana, con empuñadura en forma de cruz y, generalmente, con símbolos masónicos. La cruz que forma la hoja y la guarda representaría conjunción, coherencia interna y unión fecunda. Las espadas se emplean en diversas ceremonias masónicas. Son el instrumento del Experto y del Guarda Templo en la logia.

La espada flamígera es una espada de hoja ondeada en forma de lengua de fuego, representando el poder espiritual que se deposita temporalmente en el Venerable Maestro, es decir, mientras ejerce su cargo. Es empleada para la consagración, abrir y cerrar los trabajos masónicos, instituir y recibir a los masones, y con golpes de su mallete puede investir un grado.

Las espadas en masonería también simbolizan el honor, la conciencia y la protección, así como la acción, pero nunca como arma ofensiva. Las espadas suelen denominarse «aceros».

ESPEJO. Símbolo en masonería porque lo es de la conciencia y de la memoria inconsciente, teniendo que ver con la revelación de la Verdad, fundamental en el trabajo de los masones. El espejo está muy presente en la ceremonia de la iniciación. Se encuentra en la Cámara de Reflexión para simbolizar la conciencia y el recuerdo de lo que se ha sido en la vida, justo cuando el profano debe escribir su testamento. Ya en la ceremonia en sí el espejo recuerda al aspirante lo que ha sido y lo que es, es decir, aquello que tiene que reconocer y admitir. El espejo le recuerda quien es, es decir, «su peor enemigo».

ESQUELETO. El esqueleto es un símbolo alquímico de la putrefacción, del negro y de la transmutación. Representaría la muerte anunciando una nueva vida. Por eso, no es infrecuente encontrar en la iconografía a esqueletos en actitudes pensativas o reflexivas sobre el secreto que viene más allá. Así la masonería en su planteamiento de la muerte para un nuevo nacimiento de importancia al esqueleto.

ESTANDARTE. Un estandarte es una insignia que se emplea en el ámbito militar, las corporaciones religiosas, sociedades, estados, etc. Lo importante del estandarte es el pedazo de tela que lleva el asta con signos, colores y lemas. La masonería no ha sido ajena al empleo de los estandartes con alusiones simbólicos a sus ritos y grados.

ESTRELLA. Antiguamente, la denominación de estrella se aplicaba a todos los cuerpos celestes, pero, en realidad, solamente se puede aplicar a los astros luminosos que brillan con luz propia.

La estrella es uno de los símbolos cuyo empleo es muy frecuente en masonería. Además de las estrellas de la Bóveda celeste que cubre el templo existen más estrellas en masonería. Son fundamentales porque brillan con luz propia y esto es muy atrayente para los masones, precisamente porque no lo hacen con luz ajena y sí en medio de la oscuridad, todo un simbolismo que se asocia a quienes siempre están buscando la luz.

Por otro lado, estaría la estrella flamígera, la estrella flameante de cinco brazos, emblema de la divinidad y manifestación plena de la luz. Es símbolo del hombre vinculado con el cosmos. Y tiene cinco puntos porque se vincula a los cinco sentidos, necesarios para que el masón pueda percibir el mundo exterior.

EVANGELIO. Libro sagrado que dio a conocer Jesús, y que es fundamental en distintos ritos y grados masónicos, y muy especialmente en el Rito de York, en la masonería inglesa.

Como es sabido, hay cuatro Evangelios reconocidos por las Iglesias cristianas, los escritos por San Mateo, San Marcos, San Lucas y San Juan. Y lo son por contener los hechos y palabras de Jesús.

F

La letra F se representa en el alfabeto masónico por una escuadra en forma de «L» con un punto en el centro. Se vincula con el número 7. Es la letra que se vincula, al ser su inicial, con el fuego, la fuerza y la fidelidad.

FALO. Se trataría de un símbolo vinculado a la potencia creadora; es un poder activo. Al parecer, fueron los egipcios los que le dieron al falo multitud de interpretaciones y simbologías, tanto del ámbito sagrado como en el profano.

Se habla de que muchos símbolos, que se emplean en masonería, tendrían un sentido fálico, como el árbol, la columna, la espada, etc. No estaríamos hablando de un significado erótico o sexual, sino en relación con un sentido generador.

FAROL. Símbolo del elemento fuego y relacionado con la lámpara de Hermes Trismegisto. Representaría la razón esclarecida por la sabiduría. El iniciado en masonería utiliza el farol para iluminar el espacio de los pasos perdidos o lugar que representa la frontera entre el mundo profano y el sagrado.

FÉNIX. Se trataría de un ave mítica, cuyo origen estaría en Arabia, y que, según nos cuenta la leyenda, tenía un plumaje de oro y carmesí, y que cuando veía cercano su final, a pesar de su longevidad proverbial, formaba una especie de nido de maderas resinosas y aromáticas que exponía directamente al sol para que se quemasen. En esas llamas se consumía, pero renacía de sus cenizas. Estaríamos, por lo tanto, ante un símbolo de la resurrección y la inmortalidad, y así se recogía en la tradición egipcia antigua. El cristianismo convirtió al ave fénix en símbolo de la resurrección de Cristo. Los alquimistas consideraban que el ave fénix era la panacea, el elixir de la larga vida.

Esta simbología de la resurrección y la inmortalidad tenía que llegar a la masonería, tan interesada, por su carácter iniciático. Así el ave fénix aparece en distintos grados.

FLECHA. La flecha puede ser considerada un símbolo masónico en relación con la que deben ejecutarse las órdenes.

FLORES. Las flores adquieren simbolismo en función de su esencia, pero también de su forma. En relación con lo primero serían símbolos de la fugacidad, ya que las flores no duran mucho, y son atributos de la primavera, la juventud, la belleza y la virtud. En masonería representan alegría, inocencia y la comunión con la naturaleza.

Por su forma la flor es imagen del centro. Tantos los egipcios, como los griegos y romanos ofrecían flores a los muertos porque serían la imagen arquetípica del alma. También se emplearían en las tenidas fúnebres masónicas.

El narciso sería símbolo de la esperanza porque llega en primavera. También representa al hombre que se quiere consagrar a Dios, porque está de pie, pero con la cabeza baja, como el narciso si nos fijamos.

El nardo es un símbolo de humildad, de amor y de piedad. Los romanos se perfumaban con ellos las manos y los pies en los festines. María Magdalena ungió con perfume de nardo los pies de Jesús. En este sentido, los masones emplearían el nardo en las ceremonias de adopción.

La rosa es la flor por antonomasia en casi todas las culturas. Es símbolo de finalidad, de logro absoluto, de virtud, de unión, del centro, de la quintaesencia. Está presente en algunos altos grados. Por todo ello le dedicamos una voz monográfica en este *Diccionario.*

El lirio es símbolo del abandono del hombre a la providencia divina, alcanzando el estado de pureza e inocencia. Así lo vemos en el *Cantar de los Cantares* y el Evangelio de Mateo. En masonería, con un mismo sentido, representaría al recipiendario que llega al templo para su iniciación.

Por su parte, en masonería es muy común el empleo de hierbas, plantas y flores aromáticas para distintas ceremonias, y aparecen en la decoración de los banquetes rituales. Así pues, el romero, por ejemplo se asocia al pasado, mientras que el perejil al Oriente Eterno, la acacia es la inmortalidad, pero dada su importancia asociada a los maestros masones ha merecido una voz monográfica; el loto se vincula a los tres planos (tierra, agua y aire), mientras que el brezo es la resurrección, recogiendo el significado de los Misterios de Isis; el muérdago es la regeneración, el laurel la victoria como vemos en la antigüedad clásica; el ficus es el poder, la higuera la abundancia, el olivo la paz, y el boj la perseverancia y la firmeza. En todo caso, algunas de estas plantas tienen un mayor desarrollo en el *Diccionario.*

FUEGO. Es el cuarto elemento y atributo divino. Shiva, por ejemplo, se representaría en un círculo de llamas, y Yahvé se presentó ante Moisés como una llama en la zarza.

El fuego tiene una rica simbología. Existe el fuego del cielo, que ilumina pero que también quema, y el fuego del infierno que destruye y purifica. El fuego está muy presente en toda iniciación porque es regenerador. Así pues, en masonería el fuego supone la purificación, complementaria a la del agua.

Además, el fuego simbolizaría el fervor y celo de los masones, y como término se emplea en los brindis de los banquetes masónicos.

G

La letra G en el centro de la estrella representa la luz de la inteligencia, y que debe emplearse para que el hombre llegue a realizarse. Es la letra sagrada y misteriosa de la masonería, y entre la escuadra y el compás sería el emblema general de la misma. Tiene que ver con la Gravitación, la Geometría, la Generación, la Gnosis, es decir, el conocimiento, y el Genio.

GALLO. El gallo es el animal que simboliza, por antonomasia, la vigilancia, ya que está atento a la salida del sol para anunciar la llegada del alba con su canto. En este sentido, el gallo estaría muy vinculado al sol y a la luz naciente, aspectos todos que tienen una gran importancia en masonería.

El cristianismo, por su parte, empleó mucho el gallo. Se colocaba uno dorado en el remate de las iglesias y en su cuerpo se introducían reliquias porque, como hemos comprobado, el gallo es símbolo del predominio de la luz frente a las tinieblas. El gallo también se relacionaría con la muerte y el renacimiento. En algunos lugares se llegaba a colocar un gallo en lo alto de la cruz en los Calvarios por la pasión y muerte de Cristo, pero también por su promesa de esperanza.

El gallo aparece con el águila y el fuego como símbolos de la luz iniciática. En masonería el gallo incorpora su condición de vigilante, pero también su relación con la luz iniciática. En el Cuarto o Cámara de Reflexión el gallo porta una banda con el lema. «Vigilancia y Perseverancia». De ese modo, se indica a quien quiere pertenecer a la masonería que debe estar atento para conocer e interpretar los símbolos. La sabiduría, por lo demás, no se podría obtener sin ser perseverante, ya que, es imposible adquirirla mediante atajos.

GARRA. La garra o zarpa es la mano o el pie de un animal cuando tiene uñas corvas, fuertes y agudas. Así tenemos las garras de los felinos, o de las águilas. En masonería es como se denomina una parte del saludo o signo del maestro.

GARRAFA. Estaríamos hablando de un recipiente similar a un cántaro, que se emplea en lenguaje simbólico de los banquetes rituales de la masonería de adopción.

GRANADA. El fruto del granado tiene unas características que le han dotado de un acusado simbolismo. Tiene una forma globosa, con una corteza de amarillo rojizo, y que encierra un conjunto de granos encarnados y jugosos, entre dulces y agridulces.

Al parecer, el granado nació de la sangre vertida durante la castración de Agditis por parte de los dioses, convirtiéndose en Cibeles, según un mito frigio.

La granada era sagrada para Hades. Secuestró a Perséfone, la hija de la diosa Deméter, y la llevó a la tierra de los muertos. Cuando Deméter, afligida, se negó a dar el fruto a la tierra, Zeus intervino y accedió a que Perséfone regresara con su madre, pero Hades entregó a la doncella una pepita de granada, lo que significaba que debía pasar con el una parte de año como su esposa y Reina de los Muertos. La granada simboliza la fecundidad y la posteridad numerosa por esa infinidad de granos o pepitas que contiene. Estaba dedicada a Hera y a Afrodita. Además, los griegos asociaban la granada al retorno o renacimiento de la vida, en relación con el mito que hemos indicado de Perséfone. Las pepitas de la granada simbolizan la renovación eterna de la vida del mundo en la que el iniciado puede participar, por lo que este fruto fue muy común en distintos Misterios, como los Eleusinos o en el Festival fálico de las Dionisias en honor de Dioniso. Hubo ritos donde el iniciado solamente podía comer las pepitas de la granada, mientras que en otros estaba terminantemente prohibido. Para el cristianismo, por su parte, es un símbolo del amor sin límites de Dios.

En masonería la granada puede aparecer abierta como símbolo de la multiplicidad, de la fecundidad y de la unidad dentro de la diversidad de toda creación, precisamente por las características de esta fruta. En grupos de tres se colocan sobre las columnas que dan entrada al templo, aunque, en ocasiones se sustituyen por dos esferas, una celeste y otra terrestre.

Que se coloquen las granadas en la entrada simboliza que la masonería está formada por la diversidad de muchos miembros, pero en su unidad.

GRAVEDAD. La fuerza de la gravedad tiene una enorme importancia para el masón porque se relaciona con el sentido de atracción hacia el centro que cada uno sentiría interiormente como más grave. La ley de la gravedad regiría el Arte Real, regulando, ideales, pensamientos, palabras y acciones. El Arte Real es el arte de la construcción en masonería. Es la puesta en práctica del proceso iniciático que es clave en masonería, y por el que un iniciado se convierte en dueño de sí mismo y de la naturaleza, de ahí la importancia de la fuerza de la gravedad.

GUANTES. Los guantes son fundamentales en masonería. En la iniciación se entregan con el mandil los guantes blancos. Aunque existen guantes de distintos colores para diferentes ceremonias, el blanco es el color por antonomasia de los guantes en la masonería simbólica, representando la pureza de los actos y que la conciencia permanece libre de malos o viles pensamientos. El color blanco de todos los guantes en una tenida ofrecería una sensación o impresión de paz, serenidad, de quietud, de calma.

Los guantes protegen del trabajo del cincelado de la piedra, pero, además, son protectores del masón porque el magnetismo que emanaría de las puntas de los dedos no puede perderse, y por eso, el llevar los guantes.

Existe en algunas logias la costumbre de entregar dos pares de guantes con un acusado simbolismo. Uno de los pares representaría al hombre con el fin de que los use, pero recordando la mansedumbre y la pureza a la que estaba obligado, muy vinculada esta última condición al color blanco. El otro par representaría a la mujer porque simbolizaría que el masón debe querer y considerar a la misma, como compañera del hombre. El recién iniciado debe regalar ese par a la mujer que considere digna de ser amada.

Los masones no se quitan los guantes mas que para jurar y formar la cadena de unión. Por fin, los guantes se vinculan, en un determinado momento a la constatación de que no se habría participado en el asesinato de Hiram y, por lo tanto, se sería inocente.

H

HABA. Habría sido la primera legumbre que conocieron los hombres, y que se sirvieron de ella para hacer pan, por cuya razón los sacerdotes egipcios contemplaban a las habas con verdadera veneración, aunque hay quien cree todo lo contrario, que la consideraban inmunda. Los antiguos empleaban las habas blancas y negras para votar. En la Antigüedad también se apreció que la flor de esta legumbre era una señal fúnebre.

La planta terminó por asociarse una ofrenda de los muertos hacia los vivos, como un signo de su reencarnación, porque en la sustancia de las habas residía las almas de los fallecidos. Por eso, en algunas tradiciones como la órfica y la pitagórica no se permitía su consumo porque era como ingerir a los antepasados. Pero, antes de los griegos, los egipcios también asociaban las habas a los muertos. El campo de habas era el lugar donde los difuntos esperaban el momento de la reencarnación.

La masonería ha respetado toda esta tradición en relación con los muertos. Así pues, en los banquetes o ágapes sería norma dejar para los masones que han pasado al Oriente Eterno, es decir, que han fallecido, una silla vacía y en la mesa un plato de habas a modo de ofrenda.

HACER FUEGO. En masonería hacer fuego pertenece a la simbología de los banquetes rituales, y significa beber.

HACHA. Símbolo del poder de la luz. Es un instrumento cortante. A través de un hachazo en el cerebro de Zeus salió Atenea del mismo.

Entre los carios el hacha era símbolo de Júpiter Labradío, al que representaban no con los tradicionales cetro y rayo, sino con el hacha. En Roma el hacha consular era un hacha rodeada de un haz de varas, que se llevaba delante de los cónsules. En la Edad Media apareció el hacha de armas con una figura de cuña y por otro lado de media luna, y con un mango de hierro. Solía tener pendiente una cadena para poder llevar el hacha colgada del arzón. Se empleaba para romper las armaduras en el combate.

El hacha simboliza la capacidad de discernir los contrarios, precisamente, por su tarea cortante. Así puede abrir el mundo material.

El hacha puesta en la cima de una pirámide representaba la apertura del centro, el cofre, el secreto y el cielo, es decir, es un símbolo de la jerarquía iniciática. La pirámide sería como el eje del mundo, y en su vértice el hacha en equilibrio se referiría al Polo.

El hacha es muy común en las logias de perfección, siendo símbolo de la indestructibilidad.

En la carbonería aparece el hacha con mucha frecuencia, así como en el grado 22º del Rito Escocés Antiguo y Aceptado donde en vez de tallar la piedra como en la masonería simbólica, se talarían cedros.

HÉRCULES. En algunas logias se colocaría a la derecha del primer Vigilante una estatua de Hércules, como símbolo de la fuerza que, como es sabido, es una de las columnas que sostienen la Masonería.

Hércules no solo es un símbolo de la fuerza en general, sino, sobre todo, de la fuerza bienhechora e inteligente. Hércules consagró su vida al servicio de la Humanidad, ya fuera destruyendo monstruos, ya socorriendo a los oprimidos, pasando duras pruebas. Hércules sería el prototipo de la abnegación, del valor y de la virtud desde su niñez. En consecuencia, no podía dejar de ser muy considerado por los masones, que deben trabajar en provecho de la Humanidad. Pero, además, al encarnar la fuerza se vincula con una de las columnas en masonería.

HERMAFRODITA. El hermafrodita participaría de los dos sexos. Los griegos dieron mucha importancia a esta cuestión por influencia oriental donde simbolizaba a los dos sexos reunidos en una especie de unidad mística. Ovidio después nos contó que Hermafrodita era hijo de Mercurio y Venus, y que lo entregaron a las Náyades para que lo cuidaran y educaran. Era de una intensa belleza. A los quince años se dirigió a Caria, y en el camino una ninfa se enamoró del joven, pero no consiguió seducirle. La ninfa pidió a los dioses que la confundieran con su amado de tal modo que no tuvieran mas que un cuerpo, pero con el sexo de cada uno.

En masonería el término hermafrodita se ha empleado como sinónimo de andrógina, y así aparece denominando a la Masonería de Adopción.

HERMES TRISMEGISTO. Hermes Trismegisto es el Thot egipcio, el Taut fenicio, el Hermes griego o el Mercurio romano. Es el símbolo de la sabiduría, las ciencias, las letras y la industria. Lleva el nombre de Trismegisto gracias los neoplatónicos, porque era el «tres veces grande».

En la versión egipcia es un dios lunar, un transmisor y conservador de la tradición, y era el gran iniciador a los grandes misterios, siendo la máxima autoridad sacerdotal.

A los griegos les interesaba mucho la condición de Hermes como iniciador de las ciencias y las artes, así como de las creencias orientales. Hermes Trismegisto habría enseñado a los hombres a saber escribir adecuadamente, habría establecido los ceremoniales del culto a los dioses, inventado la música, la aritmética, la medicina, la astronomía, la metalurgia, la lira, los tonos de la voz (agudo, grave y medio), etc.

Sobre el carácter iniciático de Hermes Trismegisto la tradición habla de que trabajó con sus discípulos ciencias secretas después de haber pasado numerosas pruebas. Los conocimientos los transmitió de forma oral para no dejar constancia escrita para impedir que fueran difundidas.

Hermes Trismegisto se vincula al hermetismo y la alquimia, cuyos preceptos solamente podían ser desvelados a los iniciados, y que tendrían que ver con la transmutación de la materia en espíritu.

Hermes es un símbolo de la inteligencia. Sus sandalias aladas significarían fuerza de elevación y aptitud para desplazarse. Es el mensajero y un mediador entre el cielo y la tierra.

Hermes Trismegisto aparece en la Masonería hermética. El hermetismo aportaría a la masonería, en general, parte de la simbología alquímica, en relación con el trabajo del profano a la espiritualidad del iniciado. El simbolismo de los elementos, como estamos viendo en este *Diccionario* son fundamentales, preci samente, en la ceremonia de la iniciación masónica. Por fin, la disposición del templo masónico como imagen del mundo atendería a las leyes herméticas.

HERRADURA. La herradura se asocia a parte del zodiaco. En masonería es la forma que comúnmente se da a la mesa de los banquetes rituales.

HIEROFANTE. El Hierofante es el que explica, el que revela la «ciencia sagrada», y es tutor de los iniciados. En este sentido, aparece en muchas ceremonias iniciáticas en la Antigüedad. Su origen estaría en Egipto. El título o nombre se otorgaba a los que eran los grandes iniciados dedicados al estudio y enseñanza de las ciencias y las artes.

En masonería el Supremo Hierofante sería una denominación del Gran Maestre, es decir, el más alto dignatario de una obediencia masónica. Se emplea en el Rito de Memphis Misraim.

HIRAM. Hiram era un maestro en los metales, hijo de Neftalí, que se crio en Egipto donde fue introducido en los Misterios. Enviado por el rey de Tiro a colaborar en la construcción del Templo de Salomón, sería quien instituiría la masonería. El rey Salomón encargó a Hiram la construcción del Templo de Jerusalén. Pero Hiram fue asesinado por tres compañeros que trabajaban en la construcción del Templo porque deseaban acceder a un conocimiento que no les correspondía por su condición. Faltaba poco para terminar la construcción y ellos no conocían los secretos de los maestros, por lo que decidieron entrar a la fuerza en la Cámara del Medio, el lugar de los maestros. Pero para ello necesitaban estar en posesión de la Palabra de Paso. Hiram prefirió morir antes que doblegarse a las amenazas. La leyenda resalta, en consecuencia, el conflicto entre las virtudes, encarnadas en Hiram, y los vicios de los compañeros.

Para los masones Hiram es la representación del Gran Maestro, emblema del sol, porque aparentemente muere y resucita en cada ciclo. Es el símbolo de la lucha constante y en todas partes entre el bien y el mal, entre las pasiones y lo espiritual. Hiram es un héroe, el iniciado que por aceptar su sacrificio accede al estadio de la liberación. Es el gran mito iniciático de la masonería, y en relación con los maestros.

HOGUERA LUMINOSA. Se trataría de un símbolo del verdadero centro de la luz masónica. Al parecer, en el pasado muchos Supremos Consejos aludían a la misma cuando fechaban sus documentos.

HOMBRE. El hombre en todas las tradiciones y culturas es el centro del mundo simbólico porque en el mismo tienen relación todos los elementos que componen el Universo. Los distintos esoterismos han señalado las analogías y correspondencias que se encuentran entre los elementos del Universo y del hombre, entre los principios del hombre y los que rigen el universo.

La masonería recoge estas enseñanzas y propone un modelo de hombre que es el resultado de la aplicación de sus principios filosóficos, partiendo de la iniciación, que permite alcanzar ese hombre a través de un trabajo continuo del masón. El modelo se acompaña de reglas que deben ser admitidas cuando se ingresa en la orden. Los masones deben ser en su conducta armónicos con los demás, con una gran capacidad de trabajo e idealistas.

La masonería intenta explicar al hombre en su totalidad empleando tanto las ciencias, como las ideas, el espíritu, el pensamiento y filosofía. Por fin, las distintas posiciones del hombre tienen su importancia simbólica. Lo corporal tiene una correspondencia con lo espiritual. Así, por ejemplo, la posición bípeda o erecta del hombre se vincula con la tendencia ascendente y con la plomada. Cuando el hombre abre sus brazos representa la cruz como centro y unión de los dos mundos. La palma de la mano extendida y el pulgar extendido perpendicularmente a los otros dedos es la escuadra, es decir, la rectitud de pensamientos y acciones.

HORAS. Las horas era las diosas, hijas de Júpiter y de la Justicia. Los griegos también las llamaron estaciones. Eran Auxo, Thallo y Carpo, es decir, germen, flor y fruto, respectivamente. Son símbolos de las tres fases del año. Eran diosas de eterna juventud y muy bellas para los griegos. Formaban coro con las Gracias, Hebe, Venus y la Armonía, danzando mientras que las Musas ofrecían sus cantos. Esta cadena estaba siempre en movimiento y era muy alegre, es la cadena de las Horas, que medían el tiempo de los mortales. Todo lo que nacía en la Tierra y en los Cielos tenía derecho a su protección. Velaban por la infancia de dioses y hombres, como sobre las flores de los frutos. Las Horas se vinculan al embellecimiento de todo lo que amarían los dioses y los hombres, y con las Gracias otorgaban a las flores sus encantos y perfumes.

En masonería las Horas se vinculan más al tiempo. Simbolizarían el trabajo que el masón dedica al trabajo de iniciación, dependiendo del grado y rito. Las Horas tendrían un significado específico en cada grado.

HORMIGA. Las hormigas eran atributo de Ceres, y se empleaban para la práctica de la adivinación. En la India la hormiga es un símbolo de la pequeñez de lo viviente y de su impotencia, aunque puede vencer a la vida humana. Parece, en gran medida, un símbolo nada positivo, pero en masonería parece que se asocia a la economía. Luego están las hormigas obreras, por lo que podemos encontrar una similitud con los masones.

HUEVO. El huevo tiene una gran significación en todas las culturas, símbolo del mundo o del caos, y de la materia primordial porque encerraría el germen de todas las cosas. Ese germen se encontraría en la yema, y representaría el alma del mundo. La yema, además, es emblema del sol o del fuego, que calienta, incuba y fecunda. Por su parte, la materia blanca y líquida que rodea a la yema sería el éter limpio y luminoso donde según los antiguos flotaban el sol y los astros luminosos. Por fin, la cáscara representaría el cielo que limitaría el mundo en donde habitamos, o la bóveda del cielo y la tierra. La incubación no podía dejar de vincularse a distintas teorías y tradiciones.

El huevo del mundo o cósmico aparece en las distintas tradiciones, como apuntamos. El huevo cósmico o del mundo aparece flotando sobre las aguas primordiales, incubado por el espíritu, el soplo, el fuego divino, dando el ser a todo lo que existe.

En Egipto, Cneph o Neph se cernió sobre las olas del océano primitivo con el huevo en la boca. Osiris encerraba dentro de un huevo dos figuras piramidales y blancas, símbolo de los bienes que quería esparcir entre los hombres, pero su hermano Tifon había conseguido introducir en el huevo doce pirámides negras, emblemas del mal, y así este siempre aparece confundido con los bienes de la tierra. Por su parte, Cronos produce un huevo inmenso que se rompe por un choque, dividiéndose en dos partes. La superior formará el cielo, que es un dios, y la inferior, la tierra, que sería una diosa. Astarté nació de un huevo caído sobre las aguas terrenales, depositado por los peces e incubado por las palomas. Los fenicios tenían la serpiente, símbolo de la inteligencia, teniendo el huevo del mundo en la boca. El huevo de la serpiente fue importante entre los druidas de la Galia.

Para los masones el huevo, recogiendo parte de toda esta rica tradición simbólica, está considerado como el principio de la fecundidad, esto es, del origen de la vida.

HÚMEDA. En masonería la sala destinada a los ágapes se denomina húmeda, y se encuentra en las inmediaciones del templo.

La propiedad de la humedad es claramente positiva en la vida natural, pero no así en la espiritual porque se asociaría al agua, elemento pasivo y de disolución frente a la sequedad, es decir el calor con predominio del fuego, un elemento activo. Pero en masonería no parece que tenga una significación tan negativa porque, los masones siguen «a cubierto» en esa sala. Bien es cierto que la sala húmeda no tiene el carácter sagrado del templo, pero se sigue trabajando en masonería especialmente en relación con la fraternidad. Los masones dan mucha importancia a los ágapes por ese carácter, no pudiendo ser una francachela de amigos. Húmeda es, por tanto, pero muy positiva.

HUMO. El humo se vincula las relaciones entre la tierra y el cielo, siendo la antítesis del barro, compuesto por agua y tierra. En algunas culturas el humo poseería un poder benéfico porque podría remover y ahuyentar las desgracias del ser humano y del resto de ser vivos.

La columna de humo es un símbolo del eje entre el valle y la montaña, de entre la tierra y el cielo. La columna de humo, en consecuencia, simbolizaría el camino de la hoguera hacia su sublimación. Para la alquimia sería el alma separada del cuerpo.

Cuando se queman incienso, velas, testamentos y/o planchas escritas se eleva un humo hacia el Gran Arquitecto del Universo. Así pues, el humo simbolizaría el camino hacia la sublimación, recogiendo esta idea expuesta.

I

La I deriva del *Iota* griego y también del *Iod* judío. Es la inicial de Isis, y aparece en INRI, el nombre de Dios. En el lenguaje jeroglífico designaría la mano.

Es la décima letra del abecedario masónico y aparece en muchos ritos y altos grados masónicos.

INCIENSO. El término de incienso procede del latín *incensum,* es decir, todo lo que arde, pero sin referirse a una materia en concreto. En la Antigüedad el incienso más puro era el aceite del

Líbano. Es conocido como Olíbano. En masonería el incienso debería estar constituido por tres partes de Olíbano, dos de mirra y una de benjuí. Es una mezcla con su propio simbolismo, ya que uniría los tres mundos, el divino, el humano y el material, o lo que es lo mismo, el espíritu, la mente y el cuerpo.

El incienso, a pesar de su destacado empleo en la liturgia católica, no comenzó a ser usado por los primeros cristianos hasta el siglo IV porque se consideraba que hacerlo era una costumbre pagada. En todo caso, en la Biblia su presencia es frecuente. Yahvé habló a Moisés para que hiciese un altar de perfumes, y en el mismo debía quemar incienso, realizado de madera de acacia, pero no debía hacer ceremonias paganas. Además, Moisés encendió incienso en el camino, o San Pablo hablaba de un ara de oro para los perfumes. En el Apocalipsis de San Juan, por su parte, un ángel cerca del altar con un incensario de oro en la mano recogía inciensos junto con las plegarias de los santos, y al quemarlos, con el humo que se formaba las plegarias podían subir a Dios.

El incienso, como fundamental perfume, entraría en el ámbito de los estímulos psíquicos y físicos, en estrecha relación también con lo que harían los colores. En este sentido, el incienso propiciaría un estado psíquico vinculado a la elevación espiritual. Pero también tendría una función antiséptica y purificadora, muy empleada en la Historia y en distintos ritos y religiones, precisamente en espacios no abiertos, es decir, poco ventilados.

Así pues, en masonería se recogerían estas dos funciones. Los templos son espacios a cubierto, cerrados, y por la dimensión espiritual de este perfume. El incienso se emplearía, especialmente en las tenidas de iniciación. Si la vista es importante en masonería, como la palabra y el silencio, el olfato no se quedaría atrás. El olor de la logia identificaría el espacio en el que los masones se encuentran, propiciando, fundamentalmente un estado psíquico en el que se desvincularían del mundo exterior o profano. La quema del incienso se produce en el altar de los perfumes, que se encontraría en el Oriente. Se colocaría en el incensario, a cargo del Maestro de Ceremonias. Cuando el incienso está a punto de apagarse, debe llevarlo al Occidente, cerca de la entrada del templo. Que se queme en Oriente tiene que ver con el simbolismo en relación con el poder emotivo del olfato. Al dimanar del Oriente nos estaría sugiriendo el control de lo sutil, fundamental en el trabajo masónico de profundización del conocimiento.

I.N.R.I. Son las iniciales de la inscripción que se puso sobre la cruz de Cristo. En masonería son la palabra sagrada de los caballeros Rosacruz y se trabaja en los rituales del grado.

J

La J representa para los musulmanes el tercer nombre de Dios, Jamil, el «que reúne». La J se sitúa en una de las columnas del templo masónico como inicial de Jakin o Jachin.

JAKIN. Palabra sagrada de uno de los primeros tres grados, y que da nombre a una de las columnas del templo masónico. Tiene un significado de firmeza, estabilidad y fuerza.

JOYAS. Las joyas son las insignias de los oficiales y dignidades en masonería y se vinculan a las herramientas empleadas en la misma. Se portarían colgadas en el collar correspondiente, y cada joya designaría como un símbolo la función que tendría asignado su portador, siguiendo lo marcado en los distintos ritos y grados. En todo caso, lo más común es lo siguiente (hemos incluido los principales miembros del Colegio de oficiales de una logia):

- Venerable Maestro: escuadra de brazos desiguales.
- Primer Vigilante: un nivel.
- Segundo Vigilante: una plomada.
- Orador: un libro abierto.
- Secretario: dos plumas cruzadas.
- Tesorero: dos llaves cruzadas, o una sola llave.
- Experto: una espada y una regla cruzada, y por encima un ojo.
- Maestro de Ceremonias: dos espadas cruzadas, dos bastones en cruz, o una espada y un bastón cruzados.
- Hospitalario: una bolsa de monedas o un cáliz.
- Maestro de Banquetes: un cuerno de la abundancia.
- Guarda Templo interno: una espada o tres llevas cruzadas.
- Guarda Templo externo: una maza o una espada.

Por otro lado, no debe olvidarse que las Joyas de la Logia son el compás, símbolo del espíritu, la escuadra, símbolo de la materia y la regularidad del trabajo, y el Libro de la Ley sagrada, símbolo del verbo creador y de la tradición.

L

LABERINTO. Al parecer, los antiguos denominaban laberintos a las galerías subterráneas con multitud de ramificaciones que dificultaban de forma evidente llegar a una salida. Solían ser tumbas. Al parecer el origen de esta concepción es egipcio.

El laberinto es símbolo de la búsqueda del conocimiento, lo que ya nos hace suponer su importancia para la masonería. El laberinto ejemplifica la lucha por alcanzar el centro iniciático a través de los viajes interiores por vías complicadas que son las que cada uno tenemos. Eso ya se puede interpretar en el laberinto de Creta, construido por Dédalo, donde Teseo buscó al Minotauro para matarlo. Así Teseo representaría ese viajero que a través del instinto divino es guiado por el laberinto de la vida venciendo al lado animal de su propia naturaleza.

Por todo ello el laberinto se vincula en masonería a lo iniciático, el camino que debe emprender quien se inicia en masonería hacia el interior de uno mismo, hacia lo más misterioso e íntimo de nosotros. Ese centro es la logia invisible donde triunfa lo espiritual sobre lo material, la inteligencia sobre el instinto. En el propio templo masónico el ajedrezado central del pavimento representaría el laberinto.

LAUREL. El laurel es una planta simbólica que representa el triunfo y la gloria. La corona y la rama de laurel eran la recompensa que recibían los generales romanos cuando regresaban triunfantes. También se empleaba por los augures para sus ceremonias de adivinación.

Por otro lado, el laurel tenía propiedades medicinales, por lo que era común adornar las estatuas dedicadas a Esculapio con ramos y coronas de laurel. Era una planta consagrada a Apolo en relación con el mito que compartía con Dafne.

Se considera que es emblema de la masonería, de la paz y de la unión.

LAZO MÍSTICO. El lazo místico alude al vínculo sagrado e inviolable que une a personas de ideas, opiniones y creencias distintas en una sola cadena fraternal, y que posee un lenguaje común para todos los masones de todas las partes del mundo. Es un vínculo claramente masónico.

LECHE. La leche ha sido siempre un símbolo del alimento espiritual. En masonería aparecería en algunas ceremonias con este significado, además de simbolizar dulzura.

LIBRO. El libro es el símbolo de la ciencia y la sabiduría en todas las épocas, además de símbolo del Universo. Además, si el libro está cerrado significa que la materia es virgen, y si está abierto, que la misma se ha fecundado. Un libro cerrado conserva su secreto, pero si se abre ofrece su sabiduría, toda una invitación en favor del libro.

En masonería el libro simboliza la tradición. Aparece en la joya del Orador, abierto como símbolo de la Ley universal, ya que este oficial es garante de la ley en la logia.

En masonería hay distintos libros con funciones diferentes. El libro de arquitectura es el que contiene las planchas del balaustre, es decir, las actas y documentos de las distintas actividades, que custodia el Secretario. El libro de asistencias es el registro de las mismas de los hermanos de la logia, que firman antes de la tenida, así como de los hermanos visitantes. También es custodiado por el Secretario. El libro encarnado registra los procesos judiciales. El libro negro registraría los datos de los profanos rechazados y los hermanos irradiados, es decir, expulsados. El libro azul es el libro que da cuenta de los bienes que se emplean para la beneficencia, a cargo del Hospitalario. El libro de la sabiduría contiene los documentos en relación con la Carta Patente de la logia, las constituciones y los reglamentos. Por fin, el libro sagrado constituye uno de los símbolos más destacados de la masonería porque representa la verdad revelada y sagrada, la conexión con la tradición también. Se sitúa en el centro de la logia, sobre el altar, en el eje que conecta el cielo y la tierra. Sobre el mismo se celebran los juramentos. Puede ser la Biblia, el Evangelio, el Corán, los Vedas, o cualquier libro sagrado en sí, pero revelado, cuestión fundamental, y atemporal. No se trata de un libro que esté en la logia como una referencia religiosa, sino como un libro que inspira y sirve para meditar a los masones. En el Rito Escocés Antiguo y Aceptado el libro sagrado es la Biblia. Se abre por los versículos de los Reyes por las *Crónicas,* ya que allí se relatan la construcción y las medidas del Templo de Jerusalén, o bien, y esto es lo más frecuente, por el prólogo del Evangelio de San Juan cuando se dice, «En el principio era el Verbo...». El libro sagrado es una de las Tres Grandes Luces de la logia, junto con la escuadra y el compás.

LINTERNA SORDA. Las linternas sordas iluminan los sitiales de los oficiales hasta el momento en que en la tenida hay luz, por lo que no iluminarían el templo en general. Las linternas sordas representarían la luz independizada de la luz, es decir, lo eterno frente a lo transitorio.

LUCES. Las luces son los materiales que alumbran la logia, y varían en función del rito y el grado en el que se trabaje masónicamente. En el Rito Escocés Antiguo y Aceptado hay tres luces inanimadas y tres luces personales. Las inanimadas son la el libro sagrado, la escuadra y el compás, es decir, las Tres Grandes Luces de la logia. Cuando se estudian y se emplean el masón va iluminado el camino que le lleva al conocimiento. Las personales son el Venerable Maestro y los dos Vigilantes. Son las Tres Pequeñas Luces de la logia, ocupando, respectivamente, el Oriente, el Occidente y el Mediodía. Representan las tres cualidades fundamentales para el desarrollo de los trabajos, simbolizados por las tres columnas: sabiduría, fuerza y belleza.

Por su parte, el Delta luminoso debe brillar en Oriente por encima del Venerable, y es el símbolo del primer principio, la verdadera luz. Por eso el Delta se ilumina cuando se invoca al Gran Arquitecto del Universo y se apaga en la clausura de los trabajos. A ambos lados están el sol y la luna, las dos luminarias visibles, representando la luz intelectual y la luz material.

Pero también está la luz eterna, la que junto al altar o ara permanece encendida desde que el templo se consagra. Es el símbolo de la conjunción del espacio y el tiempo sacralizados en el templo. De ella se toma la llama que sirve para iluminar el resto de iluminarias. Con ello se expresa la transmisión espiritual de los masones que fueron los que en su día consagraron el templo, tomando dicha luz de otro templo. Los masones son muy cuidadosos, como hemos visto en la Cadena de Unión, con los lazos que les unen entre ellos no solo en el presente sino también con los hermanos del pasado, además de con los que vengan en el futuro.

LUNA. La luna es un símbolo del conocimiento indirecto y progresivo. Es el principio femenino, la luz reflejada, la dependencia del sol y la periodicidad.

La luna es fundamental en la historia del ser humano por su influencia en la agricultura, pero también en el propio hombre, en su naturaleza, aunque esta influencia sería compartida con la del sol. La astrología considera que la luna influye directamente en la imaginación, el espíritu, la concentración y la memoria.

Los egipcios tenían diversos dioses lunares, como Osiris, Seth, Apis, Thot, etc. Los faraones eran coronados el día de la Luna llena. También en esos días se hacían las peregrinaciones y los ritos de procreación. Los judíos consideran la luna como un símbolo de su propio pueblo como nómada. Para los musulmanes, por su parte, la luna regularía determinados actos, además de simbolizar la muerte y la restauración.

Los masones operativos empleaban la posición de la luna para fijar el trabajo a realizar. En el Rito Escocés Antiguo y Aceptado, es decir, ya en la masonería especulativa el cómputo de los meses es lunar. La luna está en el Oriente y es fundamental para el desarrollo de los trabajos masónicos. La luna tiene un lugar preeminente con el sol en el Oriente del templo masónico.

LL

LLAMA. La llama tiene casi un significado universal en todas las tradiciones, representando el alma del fuego.

En masonería es símbolo de la purificación, y recibe el nombre de «estrella», siendo la imagen de la trascendencia.

LLANA / TRULLA. La llana es un instrumento de construcción, y los masones lo adoptan porque iguala y cubre las imperfecciones de las piedras y materiales de construcción, y por ello, iguala y cubre las imperfecciones que se pueden presentar. Aparece como símbolo del presidente del Capítulo Rosacruz.

LLAVE. La llave es un símbolo del silencio y el secreto, siempre fundamental en muchas tradiciones. Se representaba en el umbral del lugar más sagrado y secreto de los templos porque recordaba a los candidatos a la iniciación el deber del secreto, pero, además está prometiendo la revelación de los misterios. En el mito de Edipo aparece la llave de oro que cerraba la boca del Hierofante que oficiaba los Misterios de Eleusis. Por su parte, las llaves del dios romano Jano abrían las puertas solsticiales. La sacerdotisa de Ceres llevaba una llave como insignia de su oficio. Antes, en el mundo egipcio, en los misterios de Isis la llave simbolizaba la apertura del corazón y la conciencia. Por fin, las llaves son atributo íntimamente ligado al papado, porque son las del cielo, las que fueron confiadas a San Pedro.

En masonería la llave simboliza la prudencia y la discreción. Es fundamental en los altos grados en relación con el Maestro Secreto. Es su joya, y es de marfil con un paletón en forma de Z, porque debe guardar los secretos bajo la llave. También existen la llave de marfil y la llave de oro en los altos grados.

En conclusión, dos llaves entrecruzadas son el símbolo y la joya del Tesorero de una logia.

LLOVER. Llover es el símbolo que se emplea en masonería para expresar una situación en la que una conversación de signo masónico entre hermanos puede ser escuchada por un profano, por lo que, en teoría, debería cesar.

M

MAC-BENAC. Palabra sagrada del maestro masón, que significa, «la carne se desprende de los huesos». Fue la primera palabra, según la leyenda, que pronunciaron los maestros que intentaron levantar el cadáver del Maestro Hiram. Sus iniciales aparecen en el mandil del maestro masón.

MACROCOSMOS / MICROCOSMOS. El macrocosmos y el microcosmos tienen que ver con la relación entre el universo y el hombre, que es considerado como la medida de todas las cosas. En masonería el macrocosmos es el símbolo del templo masónico, y el microcosmos es el hombre, el masón.

MADRE. En las distintas tradiciones la madre sería la divinidad femenina por antonomasia. Entre los babilonios era Ishtar, mientras que para los asirios era Astarté y entre los egipcios, Isis, Neit y Hathor. Para los frigios era Cibeles. Los griegos y los romanos atribuían esta característica de madre a muchas divinidades femeninas. En realidad, el culto católico culmina toda esta tradición a través de las distintas advocaciones de la Virgen.

La simbología de la madre es doble porque se vincula al don de dar la vida, pero también se relaciona con la muerte porque nacemos del vientre de nuestra madre, pero al morir regresamos a la madre tierra.

En masonería se habla de una madre engendradora vinculada a la geometría. Por otro lado, todo masón tiene su «logia madre», que es donde fue iniciado, independientemente de que luego pueda estar en su vida masónica en otras logias.

MALLETE. Estaríamos hablando del mazo o martillo que marca mediante un número determinado de golpes las distintas etapas de toda ceremonia masónica. Es un símbolo de constructores, indudablemente, y es un símbolo de la fuerza que blande el hombre y de su poder sobre la materia. Es símbolo de la inteligencia que actúa, dirige el pensamiento y anima a meditar.

Como hemos visto, se vincula al cincel, que representaba el discernimiento, necesario para que el esfuerzo no se pierda, no sea vano, y hasta contraproducente o peligroso. Cuando se da un golpe de mallete sobre el cincel se está representando el método que puede tallar piedras y estimula el conocimiento. Es una voluntad ejecutora del mando.

Los golpes rituales de mallete en la tenida los pueden dar el Venerable Maestro y los dos Vigilantes, el Primero y el Segundo. Pretenden reclamar la atención y la energía de los hermanos. Al final de la tenida buscan que las energías acumuladas en la misma puedan ser empleadas en beneficio de la Humanidad. Por otro lado, los malletes simbolizan el poder temporal de los tres oficiales aludidos. Son los únicos que tienen derecho a emplearlo, aunque puede ser entregado a una autoridad superior si visita la logia. El ritmo de los golpes de mallete tiene que ver con los rituales y con los distintos momentos de una tenida. Así, por ejemplo, existe la expresión «malletes batientes» que son golpes cadenciosos de los malletes, iniciando siempre el Venerable Maestro, para acompañar la entrada ritual de dignitarios que asisten a la tenida.

MANDIL. Una prenda fundamental de la vestimenta de un masón es el mandil porque tiene un acusado simbolismo vinculado al trabajo. Al parecer, ya para los esenios era uno de los objetos que se entregaba a los neófitos, y era de color blanco. El mandil recuerda al masón que su vida debe ser siempre activa. Hay quien considera que es la túnica de piel que Adán y Eva emplearon para cubrir su desnudez tras el pecado original, por lo que sería, en realidad, la primera vestimenta de los seres humanos. Otros piensan, en cambio, que sería como un símbolo del cuerpo físico, la envoltura del espíritu.

El mandil no es igual para cada grado con su propio simbolismo, y luego también cambia en función del rito que se practique, además de los oficios y dignidades que cada uno tenga, sin olvidar los mandiles propios de cada uno de los altos grados. Existe una rica variedad de mandiles y algunos han llegado a ser verdaderas obras de arte textil. En todo caso, un masón no puede trabajar nunca sin su mandil.

También podría darse una significación astronómica al mandil en el caso de los que eran de forma semicircular en el pasado, simbolizando el hemisferio inferior.

MANO. Como es sabido, la mano es una extremidad cuyas acciones son regidas directamente por el cerebro, una característica que no ha podido pasar desapercibida para distintas tradiciones y para la masonería. La mano es casi como una ventana del cuerpo entero, del hombre completo. Pensemos, por ejemplo, en la tradición de leer las manos. Existen muchas expresiones que tienen que ver con el sentido de actuar. «abrir la mano», «poner la mano», «dejar la mano», la «mano dura», «tener buena mano para...», etc. Así pues, el ser humano se manifiesta a través de sus manos. Pero también es muy importante la palma de la mano porque están en contacto con las herramientas, además de los dedos. Es más, aquellos instrumentos utilizados solamente con los dedos se pueden prestar al engaño, por ejemplo, un instrumento de escritura. Pero los que se manejan con las palmas pueden ser más fieles. La palma es transmisora de energía.

Para los egipcios la mano era símbolo de la fuerza, mientras que para los romanos era el signo de la fe, además de que la mano también ha sido en distintas culturas desde la Antigüedad, un símbolo de la autoridad suprema. Los esenios, por su parte, en sus reuniones tenían la mano colocada sobre el pecho algo más abajo de la barba. En el simbolismo heráldico la mano es emblema de la liberalidad cuando se representa abierta, o de la fuerza cuando está cerrada, mientras que si se enlaza con otra es símbolo de la amistad y la fraternidad. En la Antigüedad se grababan dos manos abiertas en los sepulcros para indicar que el enterrado había fallecido siendo joven. Para los romanos fue símbolo de la fe y de la austeridad.

En astrología cada planeta tiene su correspondencia con alguna parte de la mano. Así, el pulgar es Venus, mientras que Júpiter es el dedo índice, Saturno es el dedo medio, y el anular se vincula al Sol. Por fin, Mercurio estaría relacionado con el dedo meñique. La unión de dos manos simboliza la unión de lo masculino y lo femenino, que existen en todo ser humano. Pero, además, las manos unidas señalan el firmamento, mientras que los dedos pulgares señalarían el corazón. Existe la tradición de corresponder la mano izquierda de Dios con la justicia mientras que la derecha con la misericordia. Por eso, la primera se vincula con el rigor y con el poder real o temporal y la segunda con la actividad bendecidora del poder religioso.

Como advertíamos al principio, la mano ha terminado por ser fundamental en masonería. En primer lugar, estarían los gestos y posturas, los signos y los toques, y donde la mano o las manos son protagonistas evidentes. Los gestos de las manos sobre una parte del cuerpo tienen su propia simbología, y son generales para todos los masones o para cada grado. Así, por ejemplo, los aprendices se llevan la mano al cuello en posición de escuadra, mientras que el compañero se coloca la mano derecha sobre el corazón y alza la izquierda en signo de espera. Por fin, el maestro abre la mano derecha con el pulgar extendido y la apoya contra el flanco izquierdo a la altura del ombligo. También hay distintos signos en los altos grados.

Cuando un masón pide la palabra en tenida lo hace con la mano. Y cuando se trabaja las manos deben ir cubiertas con los guantes blancos, que filtrarían y solamente dejan pasar el magnetismo positivo, ya que el guante y de color blanco, como decimos, son un filtro, especialmente por el blanco. Pero en la Cadena de Unión hay que llevar las manos desnudas porque son las conductoras de las energías y los pensamientos.

MANZANA. La manzana aparece en distintas mitologías y tradiciones como una fruta que es medio de conocimiento y de renovación, proveniente del Árbol de la Vida. Su carne y su forma esférica tienen que ver con los deseos terrenales, mientras que su centro o corazón es la vida espiritual.

Existen las manzanas de oro del Jardín de las Hespérides como frutas de la inmortalidad. La manzana de Adán y Eva y también del *Cantar de los Cantares* representaría la fecundidad del Verbo divino. El manzano, por su parte, es un árbol de otro mundo, bajo el que Merlín celebraba sus ceremonias.

En masonería es una fruta asociada a los iniciados como símbolo de conocimiento y libertad porque el interior de la manzana tiene como un pentagrama formado por los alvéolos que contienen las pepitas, y representaría la involución del espíritu en la materia carnal. Por fin, las cuatro logias que constituyeron la Gran Logia de Londres se reunieron en la Posada o Taberna de la Manzana en Covent Garden en 1717.

MARRÓN. Color que simboliza el de la piedra, y es símbolo de la firmeza y la constancia.

MATERIALES. Nombre simbólico de los manjares en el banquete masónico.

MAZO. En realidad, ya hemos comentado muchos aspectos del mazo al tratar del mallete, y a esa voz nos remitimos. Estaríamos ante una de las herramientas más antiguas del hombre, y por su importancia ha sido muy valorada y hasta venerada en distintas tradiciones y culturas. Es el arma de Hércules, equivalente al rayo. El dios Thor destrozaba con su mazo una sierra de piedras para convertirla en tierra fértil. El mazo se empleaba para consagrar la puerta de una casa. Además, el mazo o mallete se emplea en justicia, y es herramienta de construcción, aunque puede ser también de destrucción.

MEDALLA. En masonería una medalla es el símbolo del dinero y las joyas profanas. Cuando se revisa el Tronco de la Viuda donde se depositan las donaciones de los masones en la tenida, se habla de tantas «medallas profanas».

También es muy habitual en masonería acuñar medallas con los distintivos de una logia como regalo, es decir, para «decorar» a hermanos visitantes o que han hecho méritos especiales.

MEDIANOCHE. A medianoche en punto los masones en logia cierran simbólicamente sus trabajos.

MEDIODÍA. El mediodía en la Biblia simboliza la luz en su plenitud, la hora en la que no habría sombra, el triunfo de la luz espiritual. En masonería el mediodía simboliza la hora en la que se da comienzo a los trabajos masónicos, en el momento en el que en la tenida se dice «es Mediodía en punto». Es el momento de lo sagrado frente a lo profano anterior. El trabajo masónico, es decir, la tenida se desarrolla desde ese mediodía, es decir, en el cénit solar hasta medianoche en punto, el cénit solar. Pero la tenida tiene lugar no solo en el tiempo, sino también en el espacio, así los trabajos se desarrollan siguiendo la dirección de los puntos cardinales, de Oriente a Occidente, y de mediodía a septentrión, es decir, desde el sur al norte. Por eso el Mediodía en masonería simboliza el sur, y designaría una de las columnas del templo.

MERCURIO. Mercurio es el planeta más rápido. Por eso es el mensajero de los dioses, y por ello, se representaba en la Antigüedad con alas en su sombrero y en sus talones. Si porta como atributo el caduceo su tradicional naturaleza dual quedaría reforzada.

Mercurio es todo un símbolo de la ligazón, del intercambio y del movimiento. Su metal es un símbolo de la alquimia, como principio pasivo y húmedo. Es el inconsciente precisamente por su carácter fluido y dinámico y por la capacidad que tiene para transformarse.

En masonería aparece en distintos grados y, sobre todo, en la Cámara de Reflexión en la iniciación porque simboliza el equilibrio de los opuestos y es alimento de la inmortalidad.

METALES. Para los masones los metales son los signos exteriores de riqueza y todas las pasiones humanas, por lo que deben dejarse fuera del templo cuando se va a iniciar una tenida. Además, cuando el profano va a entrar en la Cámara de Reflexión antes de la iniciación dejar esos metales porque todo lo profano y material debe dejarse atrás y no valen para la iniciación. Al despojarle de los metales queda en un estado primigenio o de «materia prima», con el fin de comenzar su proceso.

Por otro lado, los metales tienen su propia simbología. En todo caso, es interesante observar que el aspecto impuro que casi todos presentan en su estado primigenio hizo que los judíos los prohibiesen en la construcción de sus altares, y el propio Salomón prohibió que hubiera metales mientras se construía el Templo.

En todo caso, como decíamos, los metales tienen su propia simbología: el oro es el sol y el corazón; la plata son los intestinos, y la luna; el mercurio, es el propio mercurio y el hígado; el cobre es Venus, y el estómago; el hierro sería Marte y el riñón; el estaño es Júpiter y la frente; y, por fin, el plomo sería Saturno.

Uno de los oficios más importantes de todas las culturas y de las tradiciones es el de los herreros porque serían los encargados de perfeccionar la obra de la naturaleza, purificando y transformando la materia a través del fuego, lo que tiene su clara dimensión alquímica. Sacan el metal del mineral tosco. Sus herramientas son también importantes. La fundición no podría dejar de aparecer en los ritos iniciáticos porque el metal se transforma, como una persona que se inicia. Si el herrero en la fundición saca el metal puro, en la iniciación sale el espíritu, la virtud. La fundición es la iniciación, la inmortalidad.

MIEL. La miel es el alimento espiritual de santos y sabios. La miel se vincula con el conocimiento místico y religioso, el bien espiritual y el renacimiento que sigue al momento de la iniciación. En este sentido, los iniciados en los Misterios de Eleusis recibían miel en sus grados superiores porque es el signo de su vida nueva. El Pseudo Dioniso Areopagita, teólogo y místico bizantino entre los siglos V y VI, decía que las enseñanzas de Dios eran comparables a la miel por su propiedad de purificar y conservar, consustancial a este alimento.

En consecuencia, la miel se vincula a la iniciación masónica, a la transformación que se produce en ese momento. La miel es fruto de la transmutación del polvo del polen y los néctares, algo parejo a lo que le ocurre al iniciado en el que se integran los distintos componentes de su persona, para convertirse en un hermano.

MIMOSA. En ocasiones, la mimosa aparecería en masonería como sustituta de la acacia. La mimosa sería un emblema de la seguridad o de la certidumbre. Si la acacia está asociada a la leyenda de los maestros en relación con la inmortalidad, la mimosa nos habla de la certidumbre de que la muerte es una metamorfosis del ser y no la desaparición o destrucción total. Así pues, si el iniciado salía del ataúd como su fuera una oruga, que en el camino hacia la luz se convierte en mariposa, la mimosa con sus flores doradas anuncia el sol y la luz.

MINERVA. La diosa Minerva, salida de la cabeza de Júpiter, sería el poder y la sabiduría, vela por la conservación de los imperios y del orden social, pero también se vincula con la prudencia, las meditaciones del espíritu y todas las artes, eso sí, que fueran fruto del estudio y la meditación. Inventó el arado y el rastrillo, y ofreció el olivo a los habitantes del Ática, además de enseñarles a someter los bueyes al yugo para abrir los surcos, y también a domar el caballo. Minerva enseñó a los mortales el uso del fuego, los principios de la vida civilizada, las leyes para la armonía en las ciudades y el arte de administrar justicia. Por todo ello, su estatua puede aparecer, como emblema de la sabiduría sobre una de las tres columnas que sostienen la masonería.

MOSAICO. Cuadro del pavimiento del templo masónico. Se sitúa en su centro, y está compuesto de cuadros blancos y negros. Simboliza la multiplicidad que nace a raíz de la dualidad de los cuadros, de sus pares opuestos, como si fuera día y noche, oscuridad y luz, el bien y el mal. Los masones no ven esos cuadros como opuestos, sino como complementarios, es decir, los relacionan para llegar al equilibrio.

MOSTAZA. En los banquetes masónicos su nombre simbólico es tierra o cimiento fuerte.

MUERTE. En este *Diccionario* hemos tratado en distintas voces la importancia de la muerte y la resurrección que supone la iniciación masónica, y cómo tiene mucho que ver con alcanzar el grado de maestro. Pero también es muy importante cómo los masones expresan su luto en las tenidas fúnebres. Las mismas se cuidan al detalle para incluir todos los símbolos necesarios en un ritual específico. En las tenidas fúnebres se invoca el espíritu del difunto al cenotafio con el fin de honrarle y ofrecerle ofrendas póstumas en forma de aspersión, vino, que es la fuerza del reino vegetal, que es devuelta con el difunto a la tierra, la leche como símbolo de la franqueza y el candor, para que le acompañen en su largo viaje y el agua como símbolo de la pureza y que lava las debilidades.

MUSAS. Las musas eran deidades de la mitología grecorromana, hijas de Zeus y de la Memoria. Son protectoras de las ciencias y las artes liberales, y en la Antigüedad solían ser acreedoras mas que de sacrificios, de libaciones de agua, leche y miel, las conocidas como «nefalides». Como es sabido, Clío es la musa de la historia Melpomene de la tragedia, Talía de la comedia, Euterpe de la música, Terpsícore de la danza, Erato de la poesía amorosa, Calíope de la épica, Urania de la astronomía y, por fin, Polimnia del canto.

Las musas son también símbolos del orden de los estudios, algo menos conocido. Así, Clío representa el deseo de saber; Euterpe ofrece el gozo por ese deseo; Melpomene estimula a emprender el estudio; Talía permite entender lo que se estudia; Erato ofrece la unión entre la memoria y la comprensión; Polimnia es muy creativa porque nos aporta ideas sobre lo aprendido; Terpsícore forma juicios sobre esas ideas; Calíope ofrece la perfección de las obras del estudioso y el aplauso; y, finalmente, Urania nos permite elegir lo mejor de forma crítica.

Estos dos sentidos o simbologías son recogidos por la masonería en sus distintas alegorías. Los masones son firmes defensores del saber, de las ciencias, las artes liberales, y del estudio. Los masones deben estudiar, formarse, instruirse permanentemente para perfeccionarse como tales, como personas, y en favor de la humanidad. Por ello, tienen muy presentes a las musas.

MÚSICA. Como símbolo la música para los masones, siendo una de las siete artes liberales, sería la armonía del mundo, pero, especialmente, la que debe reinar entre los hermanos. Es también símbolo del equilibrio y del orden, siendo un lenguaje universal.

Como en otras tradiciones, la música es un factor fundamental entre lo intelectual y lo espiritual, y por eso siempre está presente en las tenidas y ceremonias masónicas a través de la conocida como Columna de Armonía. La tradición musical masónica es de una gran riqueza, con compositores de la talla de Mozart o Sibelius, por nombrar solamente los más destacados.

N

NACIMIENTO. El nacimiento es el momento después de la gestación en el que se viene al mundo; es, por lo tanto, el inicio. Y ese momento clave de la vida no podía dejar de ser importante en la masonería dado su carácter evolutivo, y se vincularía con la iniciación.

Así pues, el nacimiento iniciático de un recipiendario comienza cuando por vez primera traspasa la puerta del templo. Y no lo hace de cualquier forma sino agachado, a gatas, como un niño, y acompañado por un maestro que le conduce, cual cordón umbilical. Existen logias que sofistican aún más este simbolismo del nacimiento iniciático haciendo pasar al recipiendario a través de una superficie de papel o de tela fina que representaría la placenta de la madre.

El nacimiento iniciático coincide con la muerte iniciática. Se nace después de morir, o se muere para poder nacer.

NEGRO. Como color de los orígenes se puede considerar el negro, es decir, de la materia prima, de la virginidad también, por lo que no era raro que en el Medievo surgieran «vírgenes negras». Pero también es cierto que el negro se asocia a la oscuridad, al dolor, al luto, la soledad y la tristeza.

En masonería se recogen esas dos tradiciones, la de la ausencia de alegría, pero también de su vinculación con lo primigenio. Se emplea en la Cámara de Reflexiones, ya que toda ella está pintada de negro como si fuera lo más profundo de la tierra y asociándose a la muerte que va a tener lugar en la iniciación para luego resucitar. Pero también se usa en el ritual para la recepción de maestro masón en relación con la muerte Hiram. Por fin, la denominada Masonería negra estarían en los altos grados.

NIVEL. El nivel es una importante herramienta masónica, y que sirve para trazar líneas horizontales. Es una escuadra justa, de cuya cima pende una plomada que determina el punto medio entre los extremos de la escuadra. De ese modo, el nivel determina la horizontal sin dejar de indicar la vertical.

La leyenda cuenta que el primer nivel lo inventó Dédalo después de haberse fugado del Laberinto de Creta, pero otros piensan que fue Rhicus, el arquitecto del Laberinto de Samos, o Teodoro el arquitecto del Templo de Juno también en Samos.

En masonería se asocia íntimamente con la plomada. El nivel vendría a representar el paso del aprendiz a compañero, porque evoluciona su pensamiento. Con el nivel el compañero comienza a poner los cimientos y columnas de su templo o construcción interior, y con el mismo se asegura que la base del mismo no tenga desnivel, demostrando que su etapa como aprendiz ha sido buena y efectiva. Ha sido buena y efectiva, y de ese modo conseguir que la obra que tiene que construir en su interior sea firme.

El nivel aparece en la joya del Primer Vigilante, precisamente, el encargado de la formación de los compañeros en una logia.

Es un instrumento para la resistencia, que permite madurar y hace fructificar las aspiraciones porque determina la línea horizontal en relación con la vertical. Esa idea de la resistencia y de la estabilidad es fundamental en la construcción y en la vida masónica. Si levantamos un edificio en lo vertical debemos asentarlo sólidamente en la horizontal. Si crecemos como masones y como personas debemos hacerlo sobre una horizontal estable.

Pero, además, el nivel es un símbolo de la rectitud y de la igualdad de las leyes masónicas. Los masones son iguales.

Es importante destacar que la plomada, la escuadra y el nivel terminan ofreciendo una síntesis. La plomada es la joya del Segundo Vigilante, mientras que el nivel lo es, como hemos señalado, del Primer Vigilante, y la síntesis de ambos instrumentos se realiza en la escuadra del Venerable Maestro, que es su atributo.

NOMBRE SIMBÓLICO. El iniciado es un hombre renacido tras la muerte iniciática, por lo que debe tomar un nombre nuevo, y que no le identifique con su pasado, con lo exterior o profano. El nombre simbólico es elegido por el hermano en función de alguna virtud, o personaje vinculado a la masonería, etc. Este hecho no se da en todas las Masonerías. En España es muy común porque también se vinculó con el necesario secretismo con el fin de evitar las constantes persecuciones que ha sufrido la Masonería española. En ocasiones existieron los denominados «nombres de guerra» que desempeñaban una función parecida, pero estos nombres y esta expresión ya no se emplean.

NORTE. El norte designaría en masonería a la columna situada en septentrión en el templo, y donde se sitúan los aprendices. Esta columna está bajo el cuidado del segundo vigilante.

NUBLADO. La situación de nublado se asocia con la de llover, es decir, si está nublado no se pueden tratar asuntos masónicos porque habría presencia de profanos, como cuando llueve.

NUDO. El nudo es ligazón y fija en una cadena o en una red. Cuando deshacemos un nudo quitamos al alma a los lazos que lo aprietan.

Los egipcios consideraban que los nudos eran símbolos de vida. El nudo de Isis era un símbolo de inmortalidad. Los árabes consideraban que los nudos eran símbolos de protección y servían para conjurar los malos espíritus, por lo que se anudan en las barbas. La Antigüedad grecorromana también daba un sentido protector a los nudos.

En masonería, estarían los «nudos de amor», que forman parte de la cuerda que rodea la logia, Son nudos en forma de ocho o símbolo de lo infinito. Los nudos se ligan entre sí y a su principio, y son el símbolo de la unión de los masones.

NUEVE. Es el tres multiplicado por sí mismo, imagen de los tres mundos, el material, el espiritual y el mental. Los judíos consideran el nueve como un símbolo de la verdad porque se reproduce a sí mismo. El nueve, además, por ser el último número representaría el fin y el comienzo, es decir la muerte y el renacimiento, idea fundamental, como estamos viendo en esta obra, en la masonería.

En los Misterios de Eleusis, Deméter lloraba y buscaba a Coré durante nueve días. Los nueve maestros dan nueve vueltas buscando la tumba de Hiram. En un caso y en otro caso estaríamos hablando de peregrinaciones. Así pues, en masonería el nueve estaría muy presente en la Cámara de Maestros, precisamente en relación con la leyenda de Hiram.

NÚMEROS. Aunque los principales números tienen su voz correspondiente en este *Diccionario,* debemos señalar que tanto ellos como su estudio han sido fundamentales en todas las tradiciones y culturas, estableciendo sistemas filosóficos que explicarían la formación del Universo.

Los números tienen un valor cuantitativo evidente, pero poseen también un valor sagrado. En todo caso, las distintas ciencias que se dedican a los números, como la aritmética, la geometría, la música, la gramática o la astrología mantendrían relaciones entre sí, y que establecerían la armonía del Universo.

También se contemplan los números como vibración, y por ello expresarían cualidades. Por lo demás, pueden expresar ideas.

En masonería los números pares tendrían un carácter femenino, negativo, pasivo y terrestre, mientras que los impares son masculinos, afirmativos, activos y celeste. En masonería las ciencias de los números están siempre muy presentes.

O

OBELISCO. Un obelisco es un monumento de piedra en forma de prisma rectangular y que se remata con una pequeña pirámide. Se vincula claramente con la civilización egipcia, aunque luego se extendió a la civilización grecorromana y posteriormente se llevaron obeliscos para ornamentar importantes espacios públicos en Occidente, además de levantarse nuevos como en Washington. El obelisco tiene que ver con mitos de ascensión solar y la luz. Así en masonería figuran como símbolos de la iniciación, y también como imagen del sol.

ÓBOLO. El óbolo es un término poco empleado en el presente, y que hace referencia a la cantidad que se aporta para contribuir a una organización, una acción, etc. Los hebreos consideraban el óbolo como una unidad de medida, y también los griegos.

En la Antigüedad, estaba el conocido como óbolo que se pagaba al barquero Caronte, una práctica que, al parecer, tendría un origen egipcio.

En masonería representa la cantidad que cada masón deposita en el saco o tronco de la viuda o de beneficencia en los momentos finales de la tenida masónica, para ayudas a los necesitados, sean o no hermanos, o para el tesoro de la logia.

OBRERO. El obrero es el que trabajo a cambio de un salario. Es el nombre que tienen los masones, porque deben trabajar, y por ello reciben un salario, una recompensa simbólica. El trabajo es una obligación masónica primordial, porque los masones no aspiran al descanso, entendido este como necesario para no desfallecer, pero no como fin.

OCCIDENTE. El Occidente es el lugar por donde se oculta el sol. Es la región de los muertos. En algunas tradiciones la cabeza del difunto debe situarse hacia esa dirección.

En el templo masónico el Occidente es el espacio por donde se ingresa al mismo, entre las columnas J y B, y que debe custodiar el hermano Guarda Templo. En ocasiones, existen dos oficiales con esta designación, el interno, que se queda dentro del templo, y el externo que se situaría fuera del mismo.

En contraposición al Oriente el Occidente representa la región de las pasiones profanas, con una oscuridad que impediría ver la Verdad. En ocasiones, aunque no es muy frecuente, hay logias que encienden allí una antorcha para representar la virtud como un recuerdo de que la misma les debe acompañar en el mundo profano cuando salen por ese Occidente al mundo profano.

En la Masonería de adopción este lugar de Occidente se conoce como Europa porque, como bien sabemos, el continente está en esa dirección.

OCHO. El ocho es el número de las direcciones cardinales, la rosa de los vientos. Simboliza el centro de todo equilibrio, la ley universal. También es símbolo de la regeneración y la perfección. Es un número que se tendría en cuenta como el más apropiado para indicar el estado quieto de una construcción cuando se termina. Algunos vinculan esta idea con la solemnidad que celebra la Iglesia con el nombre de «Octava» al concluir los siete días de una fiesta, como al parecer, se hacía también desde la Sinagoga judía. Por su parte, los pitagóricos consideraban que era un número que representaba la ley natural, la ley primitiva que suponía a todos los hombres como iguales.

El ocho aparece en algunos altos grados de algunos ritos.

OJO. El ojo es el símbolo de la percepción intelectual y de la divinidad y su poder porque nadie puede permanecer oculto a la misma. En masonería el ojo aparecería en el Oriente inscrito en el Delta. Representaría el tercer ojo, la visión interior o iniciática de la masonería.

OLIVO. El olivo es un árbol fundamental en las culturas y civilizaciones mediterráneas, y por ello ha generado una rica simbología. En Grecia se asociaba a Atenea porque hizo crecer olivos desde el carro de Poseidon, detrás del Erecteion. En Eleusis era un árbol sagrado. Los romanos, por su parte, convirtieron las ramas de olivo en un distintivo de paz. Así los emisarios que portaban una rama de olivo eran respetados como personas casi sagradas. Además, se hacían coronas de ramas de olivo para otorgar honores. El Islam convirtió al olivo en un árbol central, como eje del mundo y símbolo del hombre universal y del Profeta, un árbol bendito. La tradición judeocristiana hizo del olivo un símbolo de paz y estaría en el origen del mundo porque Moisés supo que se había acabado el Diluvio cuando le llegó una paloma que portaba una rama de olivo en su pico. El olivo, por fin, es símbolo de reconciliación, amor y purificación.

En masonería el olivo es importante entre sus emblemas. El Maestro Secreto recibe la iniciación debajo del olivo y del laurel.

ÓRDENES ARQUITECTÓNICOS. La Arquitectura clásica nos ha legado cinco órdenes. El dórico es el primer orden arquitectónico. Carece de basa, es decir, el fuste arranca directamente del estilóbato, la última parte del estereobato, los escalones sobre los que se levanta el templo griego. El fuste está surcado por acanaladuras o estrías vivas. El capitel está formado por el equino y el ábaco. Por su parte, el entablamento, es decir, el elemento sustentado, está formado por el arquitrabe o dintel, el friso con triglifos, que recordarían el final de las vigas de madera de los primitivos templos, y las metopas donde se incluyen relieves, y, por fin, por la cornisa. El dórico es un estilo sencillo y robusto. Representaría la facultad de unir conceptos cuando se refieren a un mismo objeto, es decir, la memoria.

El jónico es un orden con columnas que tienen basa, y el fuste también presenta estrías, pero estas tienen filetes intermedios, es decir, no son vivas como en el dórico. El capitel está formado por un collar decorado con ovas y palmetas. Destaca por sus dos volutas unidas por una curva. El entablamento tiene arquitrabe, friso corrido y cornisa. Este friso es ideal para insertar relieves. El jónico es un estilo más sofisticado que el dórico, y representa la facultad de emitir conceptos concretos. Es una facultad humana que se expresa en el lenguaje articulado capaz de emitir conceptos e ideas, al contrario del lenguaje animal que es inarticulado porque expresa solamente impresiones.

El corintio tiene basa también, y el fuste de su columna es más esbelto que el de los órdenes anteriores. Se diferencia del jónico en el capitel, que tiene forma de cesta con sus características hojas de acanto, una planta con una simbología muy particular, por su parte. El compuesto es muy parecido, pero introduce las volutas del jónico en el capitel de hojas de acanto. Fue un orden genuinamente romano. Tanto el corintio como el compuesto representarían la evolución del poder intelectual, la capacidad de concebir ideas abstractas. Es la razón, es decir, la facultad para apreciar y formar juicios, la imaginación y la comprensión, es la lógica.

El orden toscano fue empleado por los romanos y luego a partir del Renacimiento, siendo el de apariencia más sencilla de todos los órdenes, ya que no cuenta con estrías en el fuste de la columna y no tiene adornos en el capitel. Comenzó a ser levantado por los etruscos, y se trataría de una simplificación del dórico griego. Representaría la facultad de percibir las cosas exteriores. Se relacionaría con la percepción que tenemos de lo que vemos, y que se refleja en nuestro interior.

Por otro lado, las tres columnas de los órdenes clásicos griegos que se colocan en el centro del templo masónico en algunos Ritos, como el escocés, tienen su propio simbolismo. La columna dórica representa la fuerza, que es omnipotente, mueve al mundo material, y es fuente desde donde emanan los fenómenos naturales. La columna corintia simboliza la belleza, que es resplandeciente, y que nos permite apreciar la perfección de las obras naturales y artificiales. Por fin, la columna jónica es la sabiduría, que es invencible y nos guía en nuestra conciencia.

ORIENTE. El Oriente es la dirección por donde nace el Sol, es decir, de donde proviene la luz, aspecto fundamental para la masonería. Se puede considerar, además, la oposición entre Oriente y Occidente, al representar los pensamientos opuestos de conservación y progreso.

El Oriente es parte fundamental del templo masónico, por encima del resto sobre una gradería de tres escalones, y con balaustrada. Es la imagen del punto de donde sale el sol, y según el escocismo el lugar donde se encontraba el Sanctasanctórum del Templo de Salomón. Allí estaría el Venerable Maestro en su trono y con dosel, el orador y el secretario.

El Oriente Eterno aparece en masonería en relación con su concepto de la muerte, que no significaría el aniquilamiento o desaparición completa del ser humano. Los masones al fallecer pasarían, por lo tanto, al Oriente Eterno. Dada esa concepción de la muerte, ese pase expresaría la idea de que es preciso morir para renacer, en este caso en una nueva vida, o en un nivel distinto. En todo caso, el concepto de muerte ya aparece en la iniciación, donde se muere para renacer. El Oriente Eterno es el más allá, el mundo de los muertos, que pasarían a componer la «Logia Eterna». En ocasiones esta denominación del Oriente Eterno se da para designar el registro que una logia llevaría de sus hermanos fallecidos.

ORO. El oro puede vincularse en masonería a la representación del poder y la magnificencia y aparece en algunos ritos y grados.

Es el sol o helios de los alquimistas, y al «aurum» de los romanos, en fin, el denominado rey de los metales, al ser considerado como el más perfecto. Fue empleado desde tiempo inmemorial porque salía puro de la Naturaleza, sin necesidad de ser fundido.

P

PAGA / O. Los masones reciben un salario cuando trabajan en la tenida. Los Vigilantes se encargan de esa tarea en relación con los obreros de cada una de sus columnas, con el fin de despedirlos «contentos y satisfechos». Es evidente que no es un pago material, sino simbólico. Así es, ese pago, simboliza o significa enseñar o instruir. El pago es una recompensa al esfuerzo que se hace.

PALA. La pala es el nombre simbólico que en los ágapes de la masonería escandinava se da a la cuchara.

PALABRA. La palabra no solo significaría en sí un componente de un discurso, sino también la inteligencia, la razón y hasta el sentido profundo de un ser y el pensamiento divino, significados todos que nos aportaron los griegos.

Los masones tienen que trabajar mucho con la palabra, y así entre las ciencias y artes la gramática es fundamental, porque permite formar e interpretar las palabras. La gramática aportaría conocimiento al verbo, que es la percepción de la realidad espiritual. Por eso, existe la denominada «ley del silencio» que es el uso muy restringido de la palabra para los aprendices porque aún no tienen la suficiente formación y les pesan los ecos de los ruidos del mundo profano. La palabra tiene un poder que debe estar de acuerdo con la sabiduría y la espiritualidad. El aprendiz debe ponerse, por lo tanto, a estudiar la gramática. El compañero se debe esforzarse en la lógica, sin olvidar la gramática. La lógica es el conocimiento del mundo manifestado. Por fin, el maestro emprende el estudio de la retórica, que es el arte superior porque aporta el conocimiento elevado y el dominio de todos los lenguajes, el profano, el sagrado, el secreto y el natural.

El uso de la palabra en las tenidas masónicas está muy reglado en función del rito, del ritual propio y de los grados. La palabra no puede emplearse ni solicitarse en vano, y debe ajustarse a unas reglas estrictas.

En masonería existe la palabra sagrada que representa el nombre del ser, el principio interior o espiritual. La pronunciación de la palabra sagrada es una señal de paso, la clave de acceso, y representa también la instrucción que debe partir del Oriente, que es de donde emana la Verdad. Las palabras sagradas, además, se relacionan en masonería con lo que se denomina la búsqueda de la palabra perdida, el verdadero nombre inefable de Dios, que restituido equivaldría a reunir lo disperso. Existen palabras sagradas en función de cada grado. La palabra sagrada del aprendiz es Boaz o la fuerza, y permite comprender al mismo la fuerza que realmente tiene en su interior. La palabra sagrada del compañero es Jakin, que significa estar firme o establecer. Mac-Benac es la palabra sagrada del maestro, es decir, «la carne se separa de los huesos» o «la construcción que sigue a la destrucción». La palabra sagrada en el grado de maestro es la «palabra verdadera».

Por fin, habría que hablar de la palabra de paso, una expresión que tiene su origen en la Biblia cuando los galaditas obligaron a los ephrateros a decir la palabra Shibolet para que pudieran cruzar el Jordán. En masonería la palabra de paso tiene que ver con un simbolismo relacionado con el tránsito, es decir, como si fuera una llave o una clave que abre una puerta a un espacio y un tiempo interior sagrado, espiritual. En ese sentido, el grado de aprendiz no puede tener palabra de paso todavía. La de compañero es la mencionada anteriormente, y significa espiga, símbolo de madurez y fecundidad. Shibolet tiene un componente hebrero que se vincula no solo con el concepto de espiga, sino también de camino y ramo. Pero también tiene su componente griego, esto es, cultivo. Es una palabra que simboliza la estabilidad productora y la maduración, como la espiga, que se consigue del paso del primer al segundo grado. La palabra de paso del maestro es Tubalkain, es decir, el forjador de metales, artífice o constructor. Tubalkain enseña el trabajo de los metales a Hiram, esos que tienen que ver con la personalidad, pero de los que tiene que desprenderse para entrar en la Cámara de Reflexión.

También existe la palabra del semestre, instituida por el Gran Oriente de Francia en 1773. Serviría para acreditar la actividad o «regularidad» de los masones de una misma obediencia. Es emitida por el Gran Maestre a los Venerables Maestros de las logias cada semestre, y es comprobada por el retejador a la entrada del templo masónico.

PALANCA. La palanca es una herramienta que se vincula con un principio activo porque pone en movimiento a un principio pasivo. Pero no puede hacerlo si no interviene una voluntad que lo mueve, y frente a la misma aparece como pasivo. El masón es la voluntad, y emplea la palanca para vencer todas las resistencias que se presentan en su camino iniciático. La palanca le permite afirmar su propia voluntad.

La palanca aparece en uno de los viajes para recibirse en el segundo grado de compañero, junto con la regla. La palanca se apoya sobre su hombro derecho y la regla va en la mano izquierda. La regla es la ley moral que traza la dirección de su conducta y la palanca el poder que le ha dado la iniciación que le permite multiplicar su fuerza y levantar las dificultades. Es importante comprobar como la regla es un instrumento que marca la dirección y proporción del objeto sobre el que se aplica la palanca.

PALETA. La paleta es una herramienta de los albañiles para manejar la argamasa. Suele ser de forma triangular, por lo que su simbolismo masónico se asocia por su correspondencia con el ideograma alquimista del azufre, pero también con el símbolo trinitario de la paleta coronada por la cruz. La paleta, como hemos indicado, sirve para amasar el mortero fundamental para la cimentación de la piedra. Así pues, la paleta reúne, fusiona y unifica, acciones vinculadas a la masonería. Por eso, la paleta es símbolo de la benevolencia, de la fraternidad universal y de la tolerancia, virtudes de todo buen masón. En el Rito Francés la paleta es fundamental en el quinto viaje de la recepción del segundo grado. Cuando en masonería se dice «pasar la paleta» significa pasar por alto y olvidar las injurias y las injusticias.

PALMA / PALMERA. La palma es la rama de la palmera. Es símbolo de la victoria y se ofrecía a los que alcanzaban el triunfo. Entre los egipcios designaba la fecundidad de las especies porque la palmera consagrada a Isis y Osiris, vive largo tiempo y fructifica hasta su muerte. Por otro lado estaría la palma del martirio, la que portan los santos que son mártires. La fiesta del Domingo de Ramos recuerda la entrada de Jesús en Jerusalén.

La palma aparece en la Masonería de Adopción pero como símbolo de la virginidad.

Por su parte, la palmera también tiene una simbología vinculada a la fecundidad. También simboliza los doce meses del año porque los egipcios representaban el año a través de una palmera, porque ofrece una palma en cada plenilunio, es decir, doce veces al año. Con este sentido aparece en algunos grados masónicos.

PALOMA. La paloma es un ave simbólica vinculada al espíritu vivificador y fecundante de la Naturaleza.

Era el ave favorita de Venus. La portaba en una mano. También la ataba a su carro, y hasta la diosa se metamorfoseaba, en ocasiones, en paloma. Por su parte, Júpiter fue alimentado con palomas. En fenicio paloma quiere decir sacerdote. Existe la leyenda de las dos palomas. Una se alzó al lado de Dodoma y se posó en una encina a la que comunicó la propiedad de dar oráculos. La otra se dirigió a Libia donde se posó en los cuernos de un carnero desde donde publicó sus propias profecías. La primera era de oro y la segunda blanca. La primera era muy venerada, porque mantuvo su poder de dar vaticinios, aunque se lo había otorgado también al árbol.

Las palomas eran las únicas aves que podían vivir en Delfos. Por su parte, al morir Semíramis, se remontó a los cielos en forma de paloma, y por eso, también los asirios veneraban a estas aves. Este hecho de considerar sagradas a las palomas se ha ido manteniendo en la historia, aunque otros pueblos no tenían esta veneración como los persas que consideraban que las palomas, especialmente las blancas, eran de mal agüero.

En el catolicismo la paloma encarna el Espíritu Santo, en la Santísima Trinidad, y una paloma fue el primer animal que salió del Arca de Noé para regresar con una rama de olivo y de ese modo confirmar el fin del Diluvio. La paloma, como ave, se asocia en muchas culturas con lo espiritual y sublime. Es símbolo del alma, y en las culturas eslavas sería el alma después de la muerte.

La masonería recoge esa asociación de la paloma con lo espiritual, en un sentido vivificador. Si lleva una rama de olivo sería símbolo de la paz.

PAN. El pan es un alimento básico en la simbología de casi todas las tradiciones y culturas porque es esencial. El pan es el fermento, y un símbolo ligado a Isis y Deméter. Es la encarnación de Dios, y es fuerza moral y alimento espiritual. No podemos olvidar el pan en la Eucaristía, siendo la «carne de Cristo».

El pan nace por la intervención de los cuatro elementos. La tierra hace crecer la semilla, mientras que el agua convierte la harina en masa, y el aire hace que fermente y, por fin, el fuego cambia su naturaleza. En la alquimia el pan representaría el proceso alquímico y el ciclo de la vida. El grano de trigo muere en la tierra, que es la putrefacción, para luego germinar con la espiga, que luego se transmute en harina y, por fin, a través de la fermentación se convierte en masa para el pan, es decir, resucita.

Toda esta simbología de transformaciones e intervenciones de los elementos no podía dejar indiferente a la masonería. El pan está muy presente en todos los ágapes masónicos, y se hace circular a lo largo de la mesa para que todos los hermanos asistentes tomen un trozo en señal de comunión con el alimento espiritual por antonomasia. Con el agua está en la Cámara de Reflexiones. Aquí el pan es un símbolo de la igualdad porque es la masa universal.

PARALELAS. En masonería se denominan paralelas las vidas de San Juan Bautista y San Juan Evangelista, los patronos de la misma. Simbólicamente se les considera dos líneas de paralelismo, dentro del cual se inscribe el círculo de la verdad del Universo, como también tendremos ocasión de nombrar en la voz «solsticio».

Además, en las tenidas de banquete todos los objetos que se colocan sobre la mesa deben estar en cuatro líneas paralelas, que se marcan por medio de una cinta azul o encarnada que circunda la plataforma. En la primera línea paralela exterior se colocarían los platos, en la segunda se alinearían copas y vasos, mientras que en la tercera irían las botellas de vino y agua, para, por fin, en la cuarta ir las fuentes y recipientes de los distintos manjares. Sería importante mantener este orden durante todo el ágape.

PASOS. Los masones deben marchar de forma ordenada y según el ritual. Es muy importante la marcha en escuadra cuando se penetra en el templo una vez que la tenida ha comenzado.

PAVO REAL. En el cristianismo el pavo real simboliza la inmortalidad y el alma incorruptible. Con un origen persa, y transmitido al mundo árabe, y por Al-Ándalus a Occidente estarían dos pavos reales simétricamente situados junto al «árbol cósmico», que simbolizarían la dualidad psíquica humana. Para los hindúes las alas del pavo real, con sus formas de «ojos» tienen un significado vinculado al firmamento estrellado.

La masonería recogería en este caso del pavo real una tradición que lo asocia a la vanidad, un defecto que no podrían tener los masones, especialmente cuando se puede caer en la tentación que puede aparecer a la hora de los distintivos, y por amor a la dignidad y los puestos altos.

PELÍCANO. Ave acuática, y que se valora por la leyenda que dice que amaba tanto a sus crías que las alimentaba con su propia sangre, abriéndose su pecho a picotazos. Ese hecho ha convertido al pelícano en símbolo del deber sagrado de un padre para con sus hijos o de la persona caritativa con el necesitado. El pelícano fue adoptado por el cristianismo como símbolo del autosacrificio y ha representado a Cristo. Puede aparecer remontando sobre la cruz o luchando contra un dragón. En esos dos casos también representaría a Jesucristo en su crucifixión o como salvador. En alquimia el pelícano es la antítesis del cuervo. El segundo es la muerte y el primero la resurrección.

En masonería es emblema del grado Rosacruz, vinculando a la tradición cristiana que hemos explicado, y de la actitud del ave en relación con sus crías.

PENTAGRAMA. El pentagrama se vincula al número cinco. Debemos recordar que los griegos daban el nombre de «pente» al cinco, vinculado a la mano con cinco dedos.

El pentagrama puede ser un pentágono con cinco ángulos o una estrella de diez ángulos. En algunas tradiciones se considera que el pentagrama sería como la clave que abriría la Alta Ciencia, siendo signo de reconocimiento y poder. El pentagrama se asocia al microcosmos, es decir, al hombre, como el sello de Salomón al macrocosmos.

El pentagrama era muy importante para los pitagóricos porque era el símbolo del conocimiento. Por su parte, la proporción áurea permitiría construir el pentagrama.

PERLA. La costumbre de adornarse con perlas nació en la Antigüedad. Al parecer, su origen sería asiático y los fenicios serían las que las propagaron. A partir de las Guerras Médicas su uso se generalizó entre los griegos. Las conquistas de Alejandro Magno dieron, por su parte, un nuevo impulso a las perlas entre los helenos, quedando constancia en algunos relieves de cómo las mujeres se adornaban con ellas. En el Egipto Ptolemaico su uso se disparó. En este sentido, Cleopatra se destacó por sus perlas, y los romanos bautizaron a las grandes perlas como «cleopatridas».

En la Masonería de Adopción aparecen como emblema de belleza y castidad.

PERPENDICULAR. Línea que cae sobre otra horizontal, sin inclinarse más de un lado que de otro. Se vincula a la plomada. La perpendicular es símbolo de la rectitud, y así lo recoge la masonería. Constituye un emblema de la estabilidad de la orden.

PERRO. Tradicionalmente, se ha considerado al perro como símbolo de la fidelidad. En este sentido, no es raro encontrar al perro en los pies de princesas esculpidas en sepulcros medievales. El cristianismo, por lo tanto, valoraba mucho esa virtud de la fidelidad, pero otorgó al perro otro significado complementario y en relación con el pastor, ya que era guardián y guía del rebaño. Por eso, podría ser símbolo del sacerdote. Por otro lado, el perro es acompañante del muerto, y puede tener una connotación sobre la resurrección.

El perro es un animal representado en algunos altos grados por su simbolismo asociado a la mencionada fidelidad, su virtud considerada tradicionalmente, así como del celo en el cumplimiento del deber, una característica propia de los masones. El perro está muy vinculado a la Leyenda de los Elegidos. Un perro desconocido les condujo hasta la caverna donde se encontraban los asesinos de Hiram. El perro encuentra, es decir, simboliza que hasta un mínimo indicio conduce a la Verdad, o para descubrir al culpable.

PICANTE. Nombre simbólico del vinagre en los ágapes de la masonería escandinava.

PIEDRA. Las piedras poseen una rica tradición simbólica porque se asocian a la imagen de la tierra como morada de Dios. En este sentido, recordemos las palabras de Cristo, «Tú eres Pedro, y sobre esta piedra edificaré mi Iglesia». La piedra bruta desciende del cielo y se convierte en piedra de construcción, elevándose hacia el templo. La piedra sería como una mediadora entre el cielo y la tierra. Por su parte, la alquimia busca la piedra filosofal, que conseguirá transmutar los metales en oro. Y ese valor transformador es el que le interesa a la masonería, es decir, transformar la piedra bruta en piedra cúbica.

Las piedras preciosas talladas tienen una rica simbología porque simbolizan la revelación del alma después de ser eliminadas las impurezas del cuerpo. Son piedras que lanzan destellos porque reflejan el alma de la luz divina. Como vemos, el trabajo de tallar es fundamental en relación con las piedras, y mucho más en masonería. Pero, además, cada piedra preciosa tiene su propio significado. Así el lapislázuli se asocia al favor divino, al éxito y al talento. En la antigua Mesopotamia era un símbolo del firmamento, y así se empleaba para cubrir los templos. El ágata, por su parte, simboliza el vigor, la longevidad y la espiritualidad. El diamante, como es sabido, es la piedra más dura. Por ello, se vincula a la incorruptibilidad y la permanencia. El jade es la perfección y los poderes mágicos. El zafiro se vincula a las virtudes celestiales. Por fin, la esmeralda es un símbolo de la fertilidad, aunque para los cristianos se asocia con la fe. En masonería las piedras preciosas tendrían importancia si eran talladas bajo la influencia de algún planeta, y así se convertirían en talismanes.

En todo caso, la piedra para los masones representa las obras morales y los materiales de la sabiduría. El masón talla la piedra y eso es un acto mental. La talla y el pulido serían sublimaciones. La maestría en este trabajo, en principio, manual, lleva a la disciplina interior.

La piedra bruta es un símbolo de la edad primitiva, del momento en el que el hombre no posee instrucción. En masonería es el alma del profano antes de ser iniciado e instruido en masonería. Es interesante observar como los judíos consideraban que el paso de la piedra bruta a la tallada para la construcción del Templo de Salomón representaba la «senderización» del pueblo elegido. La piedra bruta sería para los masones operativos la que tenían que tallar y pulir para la construcción, como harían los alquimistas con la «materia prima». El iniciado en masonería debe «desbastar la piedra bruta», en una expresión muy empleada en la orden. Eso significa trabajar sobre las asperezas y aristas de la vida profana, de los egos y distracciones que impiden la evolución espiritual. Para ello hay que emplear el mazo y el cincel, como hemos explicado en ambas voces en este *Diccionario*. Este trabajo debe ser guiado por la inteligencia y las tradiciones.

Los esfuerzos que se realizan serían medidos por la «regla de las veinticuatro divisiones», es decir, las horas del día que se han aprovechado apropiadamente. Con este trabajo el aprendiz podrá pasar a ser compañero, y la piedra bruta se terminará de pulir con la ayuda de la escuadra, que irá señalando como debe ser el proceso de tallar para ir hacia la piedra cúbica.

Pues bien, la piedra cúbica expresaría la noción de equilibrio, estabilidad y terminación. El cubo suele aparecer como un dado con sus caras numeradas. La suma de dos caras opuestas debe sumar siete, un número especial en todas las tradiciones. El cubo es emblema de la estabilidad y por ello la parte inferior que sostendría el fuste de la columna tendría forma de cubo. Es el templo material sobre el que se construye la filosofía, y la terminación en pirámide representaría el alma que aspiraría a alcanzar su fuente. Para trazar la pirámide se necesitan el compás, la escuadra, el nivel y la plomada, herramientas fundamentales en masonería.

En el Rito Escocés Antiguo y Aceptado la piedra cúbica aparece a la derecha de la columna J, simbolizando al iniciado que es un hombre civilizado, siendo símbolo o emblema de los conocimientos humanos. El compañero prepara y afila las herramientas del maestro sobre ella, ya que encierra todos los conocimientos que preceden a una instrucción perfecta, y sobre ella pueden trazarse todas las figuras de la geometría. Precisamente, la forma del cubo cuando se despliega sobre un plano resulta una cruz latina.

Existe la piedra de la fundación o de los auspicios, que es una piedra consagrada que se pondría en los cimientos de los templos masónicos, como hacían los romanos con sus propios templos. Cuando se coloca se celebra una ceremonia masónica específica.

La piedra piramidal es aquella sobre la que se ejercitan los maestros, siendo símbolo de la piedra filosofal. Es el final, la terminación, la perfección. Sería un cubo coronado con una pirámide de cuatro caras. Es la «piedra perfecta». Representa los cuatro elementos, esto es, agua, tierra, fuego y aire, coronados por la Quinta Esencia.

La piedra angular, que es la base fundamental de los edificios, se considera que es uno de los principios sobre los que descansa la masonería. Por otro lado, la piedra angular sería también la clave de la bóveda de piedra que corona o cubre una construcción. En cierta masonería la piedra angular se vincula a la prueba de las aptitudes especiales de un candidato. Ajustando la clave de bóveda demostraba la precisión del resto del edificio, es decir, que podía ser iniciado.

En sentido figurado también se emplea, ya que, por ejemplo, se dice que el Venerable Maestro es la piedra angular de una logia.

Por fin, la piedra blanca es el nombre simbólico del pan en las tenidas de banquete. Se puede vincular también con el Maná.

PIEZA DE ARQUITECTURA. Simboliza el trabajo o el discurso sobre asuntos masónicos.

PILARES. Pueden ser considerados como sinónimos de las columnas en masonería, aunque no sean de sección circular. Se vinculan también al Venerable Maestro, los dos Vigilantes, el Orador y el Secretario porque serían la defensa y el amparo de todo taller masónico.

PINCEL. Nombre simbólico que se puede dar al útil de escribir en una logia.

PINTURA. En masonería además de la importancia de los colores y las decoraciones según el rito y grado que se trabaje, era costumbre que se pudieran decorar los templos con cuadros alegóricos de las distintas ciencias y artes, así como del comercio, la agricultura y la industria, virtudes y hechos gloriosos, así como de las guerras para recordar a los masones que deben combatirlas. Esta costumbre no se sigue en la actualidad. Suele haber pinturas y cuadros, pero siempre alusivos a la masonería y sus símbolos, así como de masones importantes en los vestíbulos, y en las salas húmedas de los locales donde están los templos.

PINZAS / ALICATES. Nombre simbólico de las despabiladeras, es decir, las tijeras que espabilan velas y candiles, en los antiguos banquetes de la Masonería de Adopción.

PLANCHA DE TRAZAR. Tabla sobre la que se traza el plan de la construcción por medio de la regla, asociada a la proporción, el lápiz o instrumento del entendimiento, la escuadra, que proporciona el juicio y el compás o espíritu. Simbólicamente, se representa por un cuadrado dividido en otros nueve.

PLANETAS. Aunque ya hemos estudiado los astros, no podemos dejar de aludir a que los planetas simbolizan una edad. Así, la Luna es la primera infancia, Mercurio es la juventud, aunque también el Sol, Venus la adolescencia, Marte es la edad viril, mientras que Júpiter la edad madura y Saturno la vejez.

PLOMADA. Instrumento consistente en un hilo que pende del vértice de un arco y termina en un plomo, y que se utiliza para comprobar la verticalidad en la arquitectura. Es el eje cósmico. El simbolismo de la plomada se vincula al equilibrio en la construcción, a la rectitud del masón y la profundidad de su conocimiento. La plomada con el nivel es necesaria para comprobar la perpendicularidad de la edificación interior, es decir, del templo interior de todo masón. Pero, como también, en su segunda acepción, tiene que ver con el hecho de que la verticalidad de la plomada cae en dirección al centro de la tierra señalado, precisamente esa profundidad del conocimiento que penetra en la conciencia humana, iluminando sus aspectos más oscuros. Por eso se vincula a la fórmula alquímica y propia de la masonería, V.I.T.R.I.O.L.

PLOMO. El plomo es un metal asociado a Saturno. Según la alquimia en el interior del plomo se encontraba la paloma blanca, por lo que sería la materia como receptáculo del espíritu. Así pues, el simbolismo del plomo se relacionaría con la transmisión al orden espiritual de la idea de la densidad y el peso.

En masonería existe la expresión, «estar a plomo», que tendría dos significados. Por un lado, quiere decir algo, una cosa, está en su lugar, pero, sobre todo, que un masón se hallaría al corriente de sus obligaciones con el tesoro de su logia, sin deber nada.

PLUMA. La pluma se asocia a la ascensión celeste y a la clarividencia. En la Biblia también se considera a la pluma el cuidado y la protección amorosos. Los nativos norteamericanos empleaban las plumas en sus tocados como un medio para comunicarse con los espíritus. Además, encontrarse con plumas era una buena noticia, ya que eran presagios de un comienzo nuevo. En Egipto, la pluma era símbolo de Ma'at, diosa de la verdad y la justicia y la armonía cósmica. La pluma que lleva esta diosa sobre la cabeza era de avestruz, y esa misma pluma era su jeroglífico. En general, en Egipto también se vincula al viento y a los dioses creadores.

Las plumas siempre tienen que ver con el elemento aire, con el mundo de las aves, por lo que estarían muy presentes en los cultos y tradiciones donde existen o dominan mitos aéreos. Los druidas empleaban plumas para adornar sus túnicas, precisamente para trascender el plano físico y conseguir el conocimiento espiritual de los cielos. En el cristianismo las plumas, según San Gregorio, simbolizarían la fe y la contemplación.

El Secretario tiene como joya dos plumas cruzadas, es decir, que se asocia claramente a este oficial de la logia. No olvidemos que la pluma es un instrumento para escribir.

PÓLVORA. La pólvora aparece en los banquetes o ágapes masónicos. La pólvora roja es el vino, mientras que la floja o blanca sería el agua, y la amarilla se asocia a la sidra. La pólvora negra es el café.

POLOS. Los polos norte y sur representan la estabilidad en medio del movimiento, ya que son puntos fijos del eje de la tierra, que es sobre el que se efectúan las rotaciones.

Los polos aparecen en el templo masónico porque en algunos casos se pinta la esvástica en los pavimentos, y están representados por el centro de la misma. La esvástica es la ley del movimiento. También aparecerían en la bóveda celeste del techo al norte, en relación con el cenit y el nadir.

PROPORCIÓN ÁUREA (Número de oro). La proporción áurea o número de oro determina, a partir de un punto central que se expande generando un movimiento que progresa indefinidamente describiendo una espiral de crecimiento logarítmico, las proporciones armónicas que están presentes en todos los organismos vivos, pero que también está presente en las obras de arte, en la fabricación de objetos y hasta en la construcción de edificios.

Para la masonería la proporción áurea sería un símbolo sobre lo que deben hacer en sus logias y fuera de las mismas, en su trabajo interior y en su dimensión más operativa en la sociedad. La proporción áurea puede ser una guía por lo que representa la idea de orden que genera el número áureo frente al caos. En el empeño personal de un masón y en su trabajo exterior seguramente nunca llegará a conseguir la perfección de este número o proporción, pero esa debería ser la meta, la tendencia, asumiendo las imperfecciones personales y las dificultades que se presentan. La proporción se convierte en un estímulo evidente.

PUERTA. La puerta es la abertura ente dos mundos para comunicarse. Tiene un significado simbólico relacionado con el viaje. Están las Puertas del Cielo, la Puerta del Olimpo, los Propileos de la Acrópolis, y las puertas de los templos de todas las religiones, que permitirían acceder a planos superiores. En la Biblia las alusiones a las puertas son constantes. Las puertas, además, tienen sus custodios, como San Pedro, y en la propia masonería, a través del Guarda Templo, y en algunos casos hasta con un Guarda Templo exterior.

La puerta del templo masónico tiene entidad propia porque tiene dos columnas y un arquitrabe, representando el ternario, elementos fundamentales de toda construcción.

En la ceremonia de iniciación el recipiendario traspasa la puerta, que es muy baja y debe inclinarse, pero no es un ejercicio obligado de humildad, ni de humillación. Se hace para señalar la dificultad que existe para pasar del mundo profano al iniciático. Y como si fuera un niño casi tiene que entrar a gatas. Por su parte, las pruebas que debe pasar en la ceremonia de iniciación son puertas también, que le van abriendo un camino.

PÚRPURA. El color púrpura se conseguía en la Antigüedad de algunos moluscos. Al parecer, fueron los fenicios los primeros que emplearon este color, aunque también se piensa que pudieron ser los minoicos. Entre los hebreos la púrpura adquirió un simbolismo vinculado a lo sagrado, y se empleó en el adorno del Tabernáculo y para las vestiduras del Gran Sacerdote. Los romanos asociaron la púrpura al poder, porque, además, era costosísimo sacar dicho color. Así pues, la púrpura ha simbolizado la majestad, pero con el tiempo las telas teñidas de púrpura se fueron convirtiendo en un signo de distinción de los más ricos. La Iglesia Católica reservó la púrpura para los cardenales.

La púrpura se emplea en algunos grados de la Masonería escocesa y en otros ritos.

PUTREFACCIÓN. La putrefacción es la reducción a polvo o po dredumbre de un ser vivo, por lo que simbolizaría la transmutación de la naturaleza antigua por una nueva. Estaría en el primer estado de la transmutación en la alquimia y aparece en la iniciación masónica, pero, sobre todo, en relación con el cadáver de Hiram cuando fue encontrado por los Nueve Maestros, renaciendo la sabiduría del que va a ser maestro. La putrefacción, como vemos, tendría un significado relacionado con la resurrección. Vendría a ser como la destrucción de los restos que dificultarían el avance espiritual. La putrefacción se suele representar con una iconografía de esqueletos, calaveras, o cuervos negros.

R

Entre los judíos representa la independencia, y para los musulmanes es uno de los nombres de Dios. En masonería es abreviatura de Rito, Ritual, Regular, Reformado y Respetable.

RAYO. El rayo es fuego celeste, muy dinámico y efectivo. El rayo de los griegos es símbolo de suprema potencia creadora. Júpiter porta tres rayos, siendo uno de sus tradicionales atributos, reafirmando su condición de demiurgo. Sus tres rayos simbolizarían el azar, el destino y la providencia. El rayo también es símbolo de la soberanía. La luz del relámpago tiene que ver con la aurora y la iluminación.

En algunos grados masónicos el rayo representaría el poder celeste en su dualidad, como poder benéfico, pero también como poder nefasto.

REGLA. Este instrumento simboliza la rectitud, y es una de las principales herramientas del aprendiz para aplicar los conocimientos que le son enseñados. Es un instrumento estático y hasta inflexible frente al mazo y el cincel que son instrumentos móviles. La regla también es instrumento fundamental para el compañero, como hemos visto.

La regla es un símbolo de la medida del ser, de su idea y de la realización de la misma. La regla y la escuadra representan la rectificación de los actos. Para los masones no vale el principio de que el fin justifica los medios. Estos deben tener una estrecha relación con aquel. La regla es fundamental para medir los materiales y sus proporciones.

En el Rito Escocés Antiguo y Aceptado la regla se divide en veinticuatro partes iguales, que representan las horas del día, horas que deben ser empleadas de forma útil. En masonería ya se dio la división del día en tres partes de ocho horas, un asunto harto sugerente porque luego sería la gran reivindicación del movimiento obrero. Así pues, hay ocho horas para trabajar, ocho para el descanso y, por fin, ocho para el cultivo de las facultades intelectuales, es decir, para el estudio y el ejercicio de las buenas obras.

La regla tiene mucho que ver con el principio masónico del perfeccionamiento porque sin ella cualquier obra que se emprendiese sería un fracaso o un desastre.

Por fin, no olvidemos que el concepto de regla, tan fundamental en masonería, también lo ha sido en la vida religiosa y corporativa. Las reglas de las órdenes religiosas no han sido solamente leyes o estatutos organizadores, sino también una manera de medir y trazar la espiritualidad, es decir, en un concepto no muy alejado del que se tiene en masonería.

RELOJ DE ARENA. Es el símbolo del paso inexorable del tiempo, pero, dada la estructura de este reloj también simboliza la posibilidad de la inversión del tiempo, del regreso al origen. Además, lo vacío y lo lleno se suceden cuando cambiamos de postura el reloj de arena, es decir, lo superior y lo inferior, o el cielo y la tierra, lo de abajo y lo de arriba. Así pues, el reloj de arena es un símbolo claramente masónico por la doble dualidad entre lo de arriba y abajo y entre el pasado y el futuro.

Como símbolo del paso del tiempo, los masones colocan el reloj de arena en la Cámara de Reflexión para indicar esa condición al profano.

Por otro lado, debemos recordar que cuando se inicia un ciclo en el reloj de arena el paso del tiempo parece ir lento para luego ir acelerándose, todo un símbolo de la vida humana entre la infancia, la madurez y la vejez, porque el tiempo en cada una de dichas etapas corre a distinta velocidad.

RITO. El rito es el conjunto de reglas y ceremonias, un todo lleno de coherencia y bien definido. Los ritos masónicos son iniciáticos, como no podían ser de otra manera, es decir, son parte de la esencia de la masonería, y esotéricos, pero alejados de una concepción mágica u ocultista del concepto. Los ritos son las guías de los símbolos, y emplean un lenguaje simbólico. El masón debe estudiar el rito y esa guía de los símbolos para ir desentrañando sus significados. El rito en masonería vendría a ser, por lo tanto, como la representación del símbolo, una especie de teatralización del mismo, todo medido y sin improvisaciones. Los ritos son tradicionales en el sentido de que parten de tradiciones antiguas, aunque hayan sido modificados en el tiempo. El rito diferencia claramente la masonería de otras sociedades o asociaciones. El rito también es el gobierno de la masonería, pero no en relación con lo que establecen constituciones, estatutos o reglamentos, es decir, lo puramente administrativo. Es orden, costumbre y ceremonia. Por eso, procede del latín «ritus».

Existen distintos ritos. El más común es el Rito Escocés Antiguo y Aceptado, pero no deben olvidarse el Rito Francés o Moderno, el Rito Escocés Rectificado, el Rito de York, el Rito de Emulación o el Rito de Memphis Misraim. Son los más destacados, pero hay más: el Rito Schoröeder, el Rito Nacional Mexicano, el Rito Brasileño, el Rito de la Estricta Observancia Templaria, etc. Los masones eligen el Rito en función de sus ideas, pensamientos, espiritualidades o sentires. Trabajan en un Rito determinado porque así lo eligen, pero respetan el trabajo de otros hermanos que lo hacen en distintos Ritos.

Después estarían los rituales, es decir, los libros que expresan con todos los detalles procedimentales el contenido y desarrollo de las distintas ceremonias y tenidas masónicas, y que pueden variar aún dentro del mismo Rito.

ROJO. El rojo es el color del fuego y de la sangre, de la ciencia y del conocimiento esotérico. Era el color asociado a Dionisos, y en el cristianismo lo es al Espíritu Santo. Es un color muy presente en el Tarot, y se asocia a la piedra filosofal en Alquimia. Es el color de los cardenales porque son príncipes de la Iglesia, pero también se asocia a Mefistófeles como príncipe del Infierno. El rojo con el blanco son colores consagrados a Jehovah como Dios del amor y la sabiduría.

En masonería el rojo es el color del fuego y signo de la caridad, la filantropía y el conocimiento. También simbolizaría la inteligencia, el rigor y la gloria. En el Rito Escocés Antiguo y Aceptado es el color de la columna B por el conocimiento, y de la columna de la Fuerza, es decir por el poder y la potencia. Aparece en el bordeado del mandil del Maestro de este Rito como símbolo de sabiduría, y de las paredes del templo de las logias simbólicas porque es un recinto sagrado.

La Masonería roja se refiere a los primeros altos grados del Rito Escocés Antiguo y Aceptado, y en la misma el rojo sería el símbolo del sacrificio y del empeño de superación, la inteligencia y el rigor. Por otro lado, en el Rito de York se denomina Masonería roja la escocesa porque en ese rito la masonería se autodenomina azul.

ROMERO. El romero es una planta muy empleada desde la Antigüedad por su aroma, pero, sobre todo, por su valor como purificador. Al tener un carácter perenne también se ha usado en los ritos funerarios como un símbolo de la inmortalidad. El romero se relaciona con la Natividad, y se la ha atribuido la propiedad de proporcionar la felicidad o dicha a las familias que perfumarían sus hogares el día de Navidad.

El valor aromático es apreciado en masonería porque se puede perfumar la sala húmeda en el ágape del solsticio de invierno.

ROSA. La rosa siempre ha sido la flor por antonomasia en las civilizaciones occidentales. En Grecia estaba asociada a Afrodita y luego a Venus en Roma. Por eso, en primer lugar, es símbolo del amor, aunque según el color cambia su significado. Así pues, la rosa azul representaría lo imposible, pero si es blanca es símbolo de pureza. La rosa dorada es la perfección o la realización absoluta, y la rosa es la pasión. El color de las rosas también da su propio significado a las mismas en la alquimia, según sean blancas o rojas.

La rosa aparece con Homero, una rosa silvestre aún, aunque útil como planta medicinal. Pero la rosa, esencia de la belleza, no llega hasta que Venus nace entre la espuma del mar y llega a la playa de Citerea. Es una rosa blanca, aunque la roja aparece cuando la diosa del amor, corriendo para salvar a su amado Adonis, se clavó en el pie las espinas de un rosal. Las gotas de sangre tiñeron las rosas blancas. La intensa predilección por esta nueva rosa por parte de Venus fue compartida por los demás dioses, formándose el Jardín de Midas. Las rosas alcanzaron entre griegos y romanos un lugar preeminente y constante en las celebraciones religiosas, en el amor, creando, por cierto, y de nuevo la ironía del portugués, no pocos problemas urbanos, en los festines, en los triunfos romanos y en la hora de la muerte. Gracias a su vinculación como «flor de gloria y flor de piedad, la rosa eludió el desdén de los moralistas», aunque quien la salvó fue la literatura.

Pero la rosa sufrió una profunda crisis aún antes de que todo el edificio de la Antigüedad se derrumbara con los bárbaros. La tristeza del primer cristianismo no podía dejar de afectar a la alegría y el goce de los sentidos que suponía la rosa. Los primeros padres de la Iglesia combatieron a la rosa. Tertuliano fulminó ramos, guirnaldas, todos esos emblemas de la belleza y la fiesta. La inestabilidad que llegó con la caída del Imperio romano casi termina, desde el punto de vista material, con la existencia de la rosa. Ya no había jardines, ni tan siquiera mieses.

Pero la rosa encontró, como el saber antiguo, un refugio en los monasterios, en sus huertos cerrados. Cuando la barbarie tendió a la estabilidad la flor comenzó a salir de aquellos huertos, y Carlomagno decidió adornar Aquisgrán con viñedos y jardines cuando conoció la belleza italiana. Los grandes señores feudales comienzan a entusiasmarse con las rosas. Alberto Magno compondrá un tratado. Y, muy pronto, las damas de la nobleza abrazarán las rosas en sus jardines y en sus castillos. Los reyes de Francia emplearán las rosas en sus festines, y en Provenza y en España damas y caballeros se solazarán con los «torneos de rosas», lanzándose rosas en una suerte de galante batalla. El Parlamento de París obligaba a los pares y duques a la entrega anual de una bandeja de plata llena de rosas.

Solamente faltaba que la Iglesia asumiera que la rosa merecía un lugar en el cielo católico, y terminaría haciéndolo porque era una flor de esencia divina. Primero, las rosas serían las llagas de Jesús como sostenía San Bernardo de Claraval, pero muy pronto la rosa se asociará por entero a la Virgen María.

Pero no solo el color cambia el significado de la rosa, también su forma y el número de los pétalos. Si es circular se vincula a los mandalas. Si tiene siete pétalos aludiría al orden septenario, como los siete días de la semana, los siete planetas o los siete grados de perfección. La rosa de ocho pétalos simbolizaría la regeneración. También el número de pétalos es importante en las rosas en la alquimia. Tienen siete pétalos, como los siete metales u operaciones de la Obra. En el cristianismo la rosa, al vincularse a la sangre de Cristo, es símbolo del renacimiento místico, mientras que un rosal se la imagen de lo que se ha regenerado. Pero la rosa también se ha contemplado como un símbolo de finalidad, de perfección, centro místico, del corazón.

Por fin, en masonería la rosa es símbolo de discreción, de unión, como en sus pétalos, pero también de virtud y de inocencia. Aparece en muchas ceremonias masónicas, como las consagraciones de los templos, el levantamiento de columnas, las tenidas solsticiales, los reconocimientos conyugales, etc. En el grado de compañero la rosa simboliza el quinto elemento o quintaesencia del último viaje de su recepción en el grado.

S

Símbolo de los tres nombres de Dios para los musulmanes, mientras que en masonería es la representación simbólica de muchas cuestiones como el silencio, septentrión, Salomón, secreto, salario, sublime, etc.

SAL. La sal ha tenido siempre un rico simbolismo. En principio, significaría la unión porque mezclada con agua se fundiría en ella. Es símbolo de la incorruptibilidad y la purificación, precisamente por su valor en la conservación de alimentos y porque es ingrediente fundamental en la comida. Por eso, también es un alimento espiritual. Así en religión se comparte el pan y la sal, lazo de fraternidad entre los judíos. En la alquimia la sal es muy importante en relación con el azufre y el mercurio. Pero la sal también es corrosiva y puede esterilizar la tierra. Además, el agua salada no sirve para fertilizar la tierra.

Así pues, estaríamos ante principios contrapuestos, y que, en masonería se dan también. En la ceremonia de iniciación aparece la sal en la Cámara de Reflexión siendo uno de los principios alquímicos, propiciando el equilibrio. Pero en la copa de la amargura se ingiere agua salada para recordar al que se está iniciando que la vida tiene momentos amargos. Por fin, la sal, como hemos visto, también en masonería es símbolo de fraternidad y hospitalidad porque se comparte.

SALARIO. Simboliza la remuneración que los masones, como obreros, reciben por su trabajo masónico, y en la cantidad correspondiente a su grado. Recordemos que la sal era uno de los productos fundamentales en el pago en especie, o uno de los productos principales que se compraba con el dinero del sueldo recibido en la Antigüedad, y de ahí su nombre. El «aumento de salario» en masonería simboliza el acceso a un grado superior. Este paso exige de todo iniciado demostrar haber asimilado la instrucción correspondiente.

SALVA. Simboliza el brindis en el banquete masónico.

SAN JUAN. San Juan, cuyo significado sería «gracia de Dios» es el patrón de la masonería. Las logias, además de su nombre propio, son de San Juan. En Roma las distintas corporaciones de oficios había un patrón, que era Jano, el dios de las dos caras. El cristianismo se basó en este concepto y planteó los dos Juanes, el Bautista y el Evangelista.

San Juan Bautista simboliza el espíritu del masón en expansión y en comunión con lo creado, desprovisto ya de lo profano, como el propio Bautista, que se dedicaba a bautizar en el río Jordán preparando las almas para que recuperasen el primitivo estado celestial. Es el patrón de la celebración del solsticio de verano entre los masones. Por su parte, San Juan Evangelista es el espíritu de recogimiento del masón, que se encuentra con su luz interior, como el apóstol hizo al anunciar la Jerusalén celeste y que escribió el Apocalipsis y el Evangelio. La fiesta del solsticio de invierno está consagrada a San Juan Evangelista.

SANDALIA. La sandalia simbolizaría aquello que se interpone entre el ser vivo y la tierra, ya que es un calzado. En algunos ritos masónicos las sandalias serían retiradas de los pies para poder establecer una unión con la tierra. En este sentido, se evoca el encuentro de Moisés con el Creador en el Montes Sinaí. Según la tradición Dios le dijo que se quitara las sandalias porque el lugar donde se encontraba era tierra santa.

SANCTASANCTÓRUM. Es el santo de los santos, la parte interior o más sagrada en que Moisés dividió el Templo en el desierto y el de Salomón en Jerusalén. En ese espacio se guardaba el Arca de la Alianza, siendo una parte reservada a Dios, y donde solamente podía entrar el Sumo Sacerdote. Debemos recordar que ya en las religiones antiguas los templos tenían partes donde no podían penetrar más que los sacerdotes, algo muy común en el ámbito egipcio también.

En masonería sería la representación de la perfección que deben alcanzar los maestros.

SATURNO. Saturno es un planeta clave en la cultura romana porque era considerado el Dios acogido por Jano, y que se asociaba a la Edad Dorada. En este sentido, se instituyeron las fiestas saturnales en honor a Saturno, por la libertad, la igualdad y la paz. En las mismas se abrían las cárceles para algunos presos, se otorgaba la libertad a esclavos, y se invertían los roles sociales entre amos y esclavos. En el Foro de Roma estaba el Templo de Saturno donde se guardaba el tesoro, precisamente, por la vinculación que hemos mencionado con la Edad de oro. En esa mítica época no se cometían robos. La estatua de Saturno se encadenaba, no quedando libre hasta el mes de diciembre cuando se celebraban las fiestas saturnales. También los cartagineses rendían culto a Saturno. Ofrecían a Saturno el africano sacrificios humanos, especialmente niños recién nacidos, con música de flautas y tambores para impedir que se oyeran los llantos. Por su parte, en el hermetismo Saturno es el vitriolo azoico para separar los metales. En astrología es el principio de la concentración, la inercia, el esfuerzo reflexivo, la fidelidad y la constancia. Es señor del tiempo y los ciclos, como Saturno devorando a su hijo, cuando se le identifica con el titán Cronos. Saturno también se asocia a la melancolía y la destrucción.

En masonería aparece en los ágapes, ya que la última libación se asociaría a Saturno, y se podían incorporarse en el pasado a los sirvientes. Saturno es un planeta muy grande con una gran órbita que parece que quiere abrazar el universo. Por eso está relacionado con los brindis donde los masones se unen en una suerte de cadena de unión, es decir, la órbita de Saturno, abrazando toda la humanidad.

SECRETO. Estaríamos ante uno de los aspectos más importantes de la masonería y, a su vez, uno de los que más polémica genera en el ámbito profano porque ha sido el pretexto más evidente para condenar a la masonería desde los poderes políticos y religiosos al considerar que se conspiraba y/o se realizaban cultos contra la religión. Pero el secreto, en realidad, es fundamental en el trabajo simbólico masónico y tiene que ver con la identidad de los que integran la masonería porque pertenecer a la misma es una decisión personal e íntima por lo que solamente se puede desvelar la condición de masón por uno mismo si así lo juzga como algo que pueda tener interés.

Pero también el secreto tiene que ver con la prohibición de desvelar el contenido del desarrollo del trabajo masónico, algo que, por otro lado, tampoco es tan raro en el ámbito profano. El secreto ritual tendría, por lo tanto, una dimensión operativa que genera cohesión y permite trabajar dentro del ámbito espiritual en la tenida masónica, sin interferencias profanas o materiales. También está el secreto de cada grado en relación con las enseñanzas que ofrecen los símbolos. Por fin, estaría el secreto iniciático, que es personal, e íntimo, no en relación con desvelar o no la condición de masón de cada uno, sino como algo vinculado a la conciencia y la experiencia de la iniciación que abre un camino muy personal e íntimo.

SEIS. El seis es número del equilibrio y de la ambivalencia, del hermafrodita y de los antagonismos. El seis se vincula a la estrella de seis puntas o exagrama, sello de Salomón o escudo de David.

SELLO. El sello es el signo de la propiedad, de la individualidad y la diferenciación. Sería como la firma y marcaría la propiedad de aquello sobre lo que se fija, como se ha dado en la Historia, y donde hay tantos ejemplos. Si el sello se expresa en cera o lacre puede representar la virginidad, el secreto o la cerradura que preserva algo, como también hemos comprobado cuando se enviaban documentos, cartas o misivas a lo largo de muchos períodos históricos.

En este sentido, en masonería cada oficial tendría que tener su sello en función de su cargo u oficio, y que le identificaría como si fuera su firma en todo tipo de documentos que se generasen. Los sellos serían custodiados por el Guardasellos o, en su defecto, por el Secretario, responsables del buen uso de los mismos.

El sello adquiría una gran importancia cuando aparece en el anillo, y por eso se puede convertir en un talismán.

Por su parte, estaría el Sello de Salomón, como estrella de seis puntas con dos triángulos opuestos entrelazados (exagrama). Sería la unión de los dos ternarios esenciales, esto es, la Divinidad y la Naturaleza, el Macrocosmos y el Microcosmos. Sería la síntesis de los opuestos. Simbolizaría el alma humana porque es la unión de lo divino, el triángulo con lo material, el triángulo invertido. En el Sello de Salomón se incluiría en el centro de la estrella una cruz gamada, que representaría el cuaternario en movimiento, la creación y la manifestación cósmica.

SEMIDESNUDEZ. En la iniciación masónica el candidato permanece en algunos momentos semidesnudo. Representaría el estado en que se encontraría el hijo de la naturaleza, en quien aún no se le habría despertado la afición por las cosas mundanas y el lujo. Así pues, en masonería es un símbolo de la sencillez y de la inocencia, objetivos que perseguiría en su trabajo.

SEPTENTRIÓN. El septentrión es el norte. En una logia es un punto cardinal donde se sientan los aprendices. Es un lugar donde el Sol ilumina, pero de forma débil porque los recién nacidos, los recién iniciados aún no podrían soportar el fulgor de la luz intensa, asociada al conocimiento. La columna del septentrión se encuentra bajo la dirección del Segundo Vigilante.

SERPIENTE. La serpiente tiene un rico simbolismo, tanto en su totalidad como en relación con sus rasgos o su localización. La serpiente que se muerde la cola es símbolo del devenir del Uno hacia el Todo, y el retorno de este al primero. Sería el que se realiza a sí mismo. Kundalini es la serpiente como fuerza interior porque se enrosca en sí misma en forma de anillo que el iniciado debería ir desplegando. Leviatán es la serpiente adánica, es decir, el mal enroscado sobre el árbol de la vida, y simboliza la estrecha relación entre la vida y la perversión. Quetzalcóatl es la serpiente emplumada, símbolo del andrógino, de la unión entre la tierra y el cielo. Por fin, las serpientes del caduceo son la fuerza sublimada y la fuerza salvaje en equilibrio.

En masonería la serpiente está presente en distintos grados y varían sus significados, valiéndose de toda esta tradición, según esos grados y los ritos.

SIETE. Este número tiene que ver con un simbolismo asociado a la totalidad. Si Dios hizo el mundo en seis días en el séptimo descansó, convirtiéndolo en sagrado.

En masonería el siete es clave en relación con la armonía porque para que una logia sea «justa y perfecta» debe estar formada por siete maestros, es decir, tres la dirigen, dos más, haciendo hasta cinco, la iluminarían, y por fin, los siete dan esa condición fundamental a toda logia, esto es, de «justa y perfecta». El Templo de Salomón, por lo demás, se construyó en siete años, siendo el séptimo el de la consagración, recordando que los templos masónicos también se consagran. Un maestro masón tiene siete años y más, siendo muy destacada esa parte final de «más» porque es la puerta para ir más allá, hacia lo desconocido, hacia los altos grados.

SOL. El sol se asocia a la luz y al calor porque es fuente de ambos, de la vida. Es la fuerza celeste y espiritual sobre la tierra. Es un símbolo asociado a la creación, y así los egipcios le dieron una importancia capital porque, además de crear, conservaba y regulaba. Ahí estaría Ra, y después Atón. Los griegos consideraban a Apolo como dios solar. También estaría Jano el solo de las dos puertas solsticiales. Por fin, Cristo tiene una vinculación solar porque los apóstoles serían los doce rayos. El sol de mediodía es el oro alquímico, el intelecto y la fecundidad, frente al sol negro que ilumina el otro mundo (es el sol en su recorrido nocturno), y la materia prima de los alquimistas.

El sol se asocia también a la luna, estando estrechamente unidos porque la luna es la luz del sol reflejada. Es una dualidad muy apreciada en masonería: lo activo y lo pasivo, el espíritu y el alma, etc. El templo masónico es, en realidad, está dualidad. El sol correspondería a la columna del sur o de los maestros y la luna a la del norte con los aprendices. En la leyenda del tercer grado el sol está presente.

SOLSTICIO. Los solsticios, de *solstititum,* es decir, sol y detención, en latín, son dos festividades fundamentales para los masones. Son las festividades de los dos Juanes, cada uno en su solsticio, y donde se deben realizar ágapes rituales. Desde tiempo inmemorial el hombre ha mirado a las estrellas, al Sol, y ha comprendido que el paso del tiempo y los ciclos de la naturaleza tenían que ver con esa relación entre su planeta y el astro rey, aunque pensase que la Tierra fuera el centro del universo, o que su esta girase en órbitas elípticas en torno al Sol.

Los masones simbolizan los solsticios con un círculo y con dos líneas tangentes verticales y paralelas entre sí, porque corresponden a las dos columnas de la entrada del templo. Si el solsticio de verano supone el paso del auge a la decadencia, del punto culminante de la luz hacia la oscuridad, el de invierno es el símbolo de la luz, del regreso de la misma y del fin de las tinieblas. Por eso, conviene que el solsticio de verano se celebre como cena y el del invierno con un almuerzo. Las celebraciones de los solsticios se vinculan a los ciclos que rigen el Universo, tanto desde el punto de vista astronómico, como filosófico. Para los masones es fundamental sentirse inmersos en esos ciclos de la vida para entender lo que ocurre y pasa, para adquirir la sabiduría y hasta la paciencia con el fin de poder culminar los ciclos.

El solsticio de invierno se celebra desde que el hombre es consciente de que ocupa un lugar en el Universo. En Sajonia-Anhalt se encuentra el Círculo de Goseck de unos siete mil años de antigüedad, un conjunto de anillos concéntricos excavados en el suelo. En el círculo exterior se abren dos puertas que se alinean con el Solsticio de invierno.

Unos miles de años menos, al otro lado del mar, en las Islas Británicas se erige el megalito más famoso del mundo, Stonehenge (4000 o 5000 años de antigüedad), un escenario para que el hombre se relacionase con los astros. Cuando el sol se pone en el Solsticio de invierno, los rayos que emite se alinean con el altar central y la piedra de los sacrificios. En la vecina Irlanda se levanta un túmulo de unos 5000 años de edad, en Newgrange, al noreste, cubierto de hierba y con túneles y canales. En el Solsticio de Invierno el sol penetra en las salas principales. Algo parecido ocurre en otro túmulo escocés. Los celtas daban el nombre de Yule al Solsticio de invierno, término relacionado con la tradición de observar los astros y su relación con los cambios de estación. Pero, sobre todo, era el momento en el que se celebraba el renacimiento del dios y los espíritus, después de su muerte en Samhaim, que es cuando se celebraba el año nuevo druídico, en la noche del 31 de octubre al 1 de noviembre. El período entre Samhaim y Yule era la estación oscura, con la menor cantidad de luz solar, las plantas parecían muertas y los animales hibernaban. En Yule se quemaba un leño, un tronco grande de pino o sauce, que se había cortado en el Yule anterior y se había guardado cuidadosamente. El rito es dirigido por el druida. Ese tronco era elegido cuidosamente. El druida hablaba con los árboles del bosque para pedirles permiso y saber cuál era el adecuado para convertirse en el leño de Yule. Una vez escogido se tallaban en su superficie símbolos sagrados relativos al renacimiento, que ese era el sentido de la celebración. También se tallaban figuras masculinas y el Sol. Pero no era una celebración de júbilo como el que estallaba en el siguiente Solsticio. El druida medita y ayuna con el fin de ayudar a la tierra a renacer para dar sus frutos. Yule implica un ejercicio de introspección, un análisis íntimo sobre lo acontecido y realizado en el año, para renacer espiritualmente. Cuando se quema el leño se cierra el ciclo y comienza otro nuevo.

Cruzando el Océano Atlántico, nos acercamos a los mayas del Yucatán. Allí, en Tulum, levantaron una construcción que tiene un orificio en la parte superior que producía un curioso efecto cuando el sol del Solsticio de invierno se alineaba con el mismo. Los incas, más al sur, celebraban el Solsticio atando el Sol a una piedra para que no se les escapase.

Regresando a nuestro mundo no podemos dejar de aludir a la importancia de las Saturnales de los romanos. Aunque existe una celebración vinculada a los triunfos de los generales victoriosos, nos interesa la relacionada con el culto a Saturno, dios de la Agricultura. Acontecía entre los días 17 y 23 de diciembre con velas y antorchas, coincidiendo con la época más oscura del año, y el nacimiento de un nuevo período de luz, el dominio del Sol *Invictus,* el 25 de diciembre. Las Saturnales tenían una clara vinculación agrícola porque cerraban el ciclo de trabajo invernal en el campo, al terminar la siembra del trigo, y permitía un período de descanso para el campesino y su familia. Saturno se vincula también con Cronos. No podía ser de otra manera. Si Saturno protegía la Agricultura, Crono era el dios de la edad de oro de la tierra cuando los hombres vivían felices, sin distinciones sociales ni fatigas. Esta dimensión social se conservó en las Saturnales, porque era un momento propicio para libertar esclavos, además de permitirse una cierta subversión de las distinciones entre las clases sociales romanas, entre patricios y plebeyos.

Las Saturnales romanas, al contrario de la celebración celta, eran ruidosas, festivas y alegres, con diversiones y banquetes. Nuestra civilización actual, aunque ha perdido el sentido agrícola de la festividad, ha recogido este aspecto festivo y alegre de los romanos, olvidando la introspección celta. Las fiestas comenzaban con un sacrificio en el templo de Saturno, un dios fundamental para los romanos, que solamente Júpiter terminaría por desplazar en importancia en la Triada Capitolina. El templo de Saturno estaba al pie del Capitolino, en el área más sagrada para los romanos. Terminado el sacrificio se celebraba un gran banquete para todo el pueblo.

Durante las Saturnales las familias romanas adornaban sus casas con plantas y velas encendidas para celebrar la llegada de la nueva luz. Los romanos se hacían regalos entre sí, como figurillas de barro y las propias velas.

La Iglesia triunfante consiguió sustituir las Saturnales por la Navidad, adoptando algunos aspectos, como las celebraciones y los regalos. Pero el espíritu pagano siempre se mantuvo consiguiendo sobresalir y ser predominante unas fechas después de la Navidad, en la fiesta que se produce en el cambio del año en la noche del 31 de diciembre.

SOMBRA. Es lo opuesto a la luz por lo que se asociaría a la segunda naturaleza de los seres vivos, pero también de las cosas. La sombra se vincula al alma. Si tú vendes la tuya al diablo pierdes tu sombra. Pero, curiosamente, la ausencia de sombra simboliza también la purificación del alma porque se haría permeable a la luz.

En masonería existe una hora sin sombra en la que se realizarían las exequias fúnebres. Es a Mediodía porque es el momento u hora que el alma no hace sombra, pero también es Medianoche porque las tinieblas extenderían su velo sobre la tierra.

SUEÑO. El sueño representa la actividad mental que se encuentra en nosotros al margen de la actividad consciente.

El sueño en masonería simboliza el período en el que un masón deja su actividad consciente masónica, es decir, no trabaja en logia, pero sin por ello dejar de ser masón. Los iniciados, una vez que lo son, no pueden retroceder el camino andado, pero sí parar un tiempo en su actividad por distintas razones, para volver al trabajo o actividad consciente cuando esas motivaciones hayan desaparecido.

T

Esta letra posee un simbolismo relacionado con su apariencia como balanza sin platos. Es el cruce entre el eje vertical y el eje horizontal, como el Centro de contacto entre el mundo celeste y el terrestre.

TABERNÁCULO. Se trataría de la parte interior del templo más reservada y sagrada. En Egipto sería el espacio donde estaba el dios, y en la tradición hebrea, el Arca de la Alianza. La importancia del tabernáculo bíblico en masonería es evidente porque es el símbolo de la Cámara del Medio de los maestros masones.

TAPIZ DE LOGIA. Fundamental es el tapiz de logia cuando tienen lugar las tenidas masónicas. También es conocido como Cuadro de Logia. Se trata de un lienzo pintado que simbolizaría el Templo de Salomón, y se coloca sobre el ajedrezado entre las columnas en el centro del templo. Es distinto en función del grado en el que se trabaja en la tenida. Simbolizaría los pintados con tiza que se hacían al principio de la masonería cuando los masones se reunían para trabajar en salas reservadas en tabernas o almacenes.

TEJA. La teja, dada su funcionalidad arquitectónica, simboliza aquello que pone un recinto a cubierto. En masonería es fundamental porque permite que el mundo profano no interfiera en su trabajo cuando se está en logia en el templo.

La teja es un símbolo asociado, por lo tanto, a la preservación de lo secreto. Por eso, en masonería, además de lo expresado, se vincula con la acción de comprobar que nadie iniciado vulnere el secreto en una tenida. Por eso, existe un maestro retejador, es decir, un oficial examinador de signos, palabras y toques masónicos que comprueba fuera del templo si los hermanos que quieren pasar estarían en posesión del grado que dicen poseer. En ocasiones se habla de un Maestro Cubridor, encargado en el vestíbulo del templo de comprobar que todos los presentes son hermanos.

TEMPLO. Aunque a lo largo de este *Diccionario* hemos hablado de los distintos símbolos del templo, no podemos dejar de aludir a que el mismo como tal también es un símbolo. Es el lugar donde trabajan los masones, siendo réplica o imagen del Cosmos, un reflejo divino, sin olvidar que todo masón tiene su templo interior. El templo masónico tiene unas dimensiones que se organizan y surgen desde un punto central, creando todo un sistema de coordenadas que forman una cruz de tres dimensiones, una cruz de la denominada «geometría sagrada». En el centro del templo se sitúa el ara o altar con las Tres Grandes Luces. En el templo masónico son fundamental los puntos cardinales, el Oriente, el Occidente, el Mediodía y el Septentrión, y en cada parte se sitúan los masones. El Oriente es la parte fundamental donde está el Venerable Maestro acompañado por el Secretario y el Orador, mientras que en Occidente se sitúa el Primer Vigilante, instructor de los compañeros y a Mediodía estaría el Segundo Vigilante, encargado de los aprendices.

En todo caso, cada Rito incorpora distintos elementos simbólicos con distribuciones propias, sin olvidar que el templo cambia en función del grado en el que se trabaje.

TETRAGRAMA. El tetragrama es el nombre de Dios o del Principio Creador, que solamente podía ser pronunciado por el Sumo Sacerdote en el SanctaSanctórum. En masonería aparece en el centro del Delta en sustitución del ojo. Está compuesto por cuatro letras, que también se asocian a los cuatro elementos.

TIERRA. Hay Tierra Santa, Tierra prometida, Tierra de los santos, o Tierra de la inmortalidad, entre las distintas tierras de las diversas culturas. Pero todas ellas hacen referencia a centros espirituales. La tierra es un elemento pasivo, oscuro y denso. Representa la substancia prima, el caos primordial, la materia de la que se moldea al hombre. Tiene una función materna porque da vida, es la Madre Tierra.

En masonería, partiendo de estos significados, aparece en la Cámara de Reflexión porque el postulante debiera entrar descalzo para estar en contacto con la tierra. La tierra, por fin, se asocia al aprendiz.

TRES. Número fundamental en masonería porque simboliza la síntesis espiritual de los dos números anteriores, esto es, el uno o la manifestación y el dos o la expresión. El tres es la Tierra.

Hay tres estados físicos, es decir, sólido, líquido y gaseoso. Hay tres tiempos, el pasado, el presente y el futuro. La vida tiene tres etapas: nacimiento, vida y muerte. Hay, por fin tres fuerzas: atracción, repulsión y equilibrio.

El ternario está presente en todas las culturas y tradiciones. En la Antigüedad la unión del uno o lo masculino con el dos o lo femenino, dan el tres que simboliza los tres principios creadores de la materia. Pitágoras representó el mundo con un triángulo isósceles, y esta cuestión tendría su conexión masónica porque el ternario estaría representado en el Delta, el símbolo del Gran Arquitecto del Universo. El ternario está en las tres edades de un masón: aprendiz como un niño, el compañero como joven, y el maestro como adulto. El aprendiz da tres pasos en su marcha ritual, símbolo de las etapas de su estudio y aprendizaje con la

Gramática, la Lógica y la Retórica. El recipiendario da tres viajes en la ceremonia de iniciación, siendo purificado por tes elementos. En el ara o altar del templo masónico están las Tres Grandes Luces, esto es, el Libro de la Ley Sagrada, el Compás y la Escuadra. Los masones emplean los tres puntos que simbolizan el misterio de la Unidad, de la Dualidad y de la Trinidad. Cuando esos tres puntos cierran la firma de un masón representan los aspectos de la condición humana: acción, resultado y causa. El maestro masón asocia el tres a los tres aspectos del Ser supremo: existencia absoluta, existencia subjetiva y existencia objetiva. En masonería está la trilogía de sabiduría (asociada al Venerable Maestro con la inteligencia creadora), fuerza (vinculada al Primer Vigilante, y que debe realizar lo dispuesto por la inteligencia) y belleza (vinculada al Segundo Vigilante y que perfecciona la obra que realizan la sabiduría y la fuerza), sin olvidar su lema fundamental: Libertad, Igualdad y Fraternidad.

TRIÁNGULO. En principio, un triángulo es un taller masónico sin llegar a logia, ya que para que exista esta debe contar con siete maestros como mínimo. El triángulo necesita al menos tres maestros.

El simbolismo del triángulo se vincula al del número tres. Es un símbolo el del triángulo muy antiguo. Ya en Egipto lo era de la divinidad, mientras que los pitagóricos lo vinculaban a la sabiduría.

Dependiendo de cómo esté apoyado puede significar una cosa u otra. Si lo hace sobre uno de sus lados es un símbolo de lo femenino, además del fuego, el calor seco y del temperamento colérico, y hasta representa el Paraíso terrestre. Si, en cambio, se sostiene sobre su vértice es símbolo de lo masculino por su vinculación con lo celeste, también lo sería del agua, del frío húmedo y del temperamento flemático.

En el ámbito esotérico el triángulo evoca la idea de la trinidad cristiana y el ternario hindú, así como los distintos ternarios egipcios.

El triángulo isósceles es conocido como el triángulo «sublime», formando la punta del tetragrama. En cambio, el equilátero representaría la forma elemental de la tierra. Para los católicos es el que luce tras la cabeza de Dios, como símbolo de perfección y equilibrio. El rectángulo representaría el espíritu del agua, mientras que el escaleno, el fuego.

En masonería el triángulo evoca la fórmula, «Bien pensar, bien decir, y bien hacer», que representaría a la gran divisa masónica de la «Libertad, Igualdad, Fraternidad». El triángulo masónico es isósceles, y representa las proporciones del número de oro. Sobre el triángulo masónico puede aparecer escrito en su base la palabra «duración», y sobre los lados, «tinieblas» y «luz», es decir, el ternario cósmico.

TRIGO / ESPIGA. El trigo es un alimento fundamental, y como tal su presencia es constante en todos los ritos, misterios y cultos de la Antigüedad. Es un símbolo de resurrección y un alimento para la inmortalidad. El grano de trigo muere, pero renace, como se interpretaría en el mito de Osiris, que muere y resucita. El grano de trigo es protagonista en el rito que unía a Deméter con Zeus. La espiga de trigo es símbolo de Ceres, diosa de la agricultura. En los ritos de Eleusis la espiga simboliza la luz sembrada en el hombre su nacimiento y que produce todos los frutos, gracias a la iniciación. Los judíos emplean el trigo, junto con el vino y el aceite en las ofrendas. Por fin, el trigo representa la Eucaristía.

En masonería importa el grano de trigo en la relación entre la muerte y el renacimiento, por lo que se asocia a la iniciación donde el profano muere para renacer en un iniciado. Además, se emplea, con el vino y el aceite en la consagración de un nuevo templo masónico.

En el ritual del solsticio de verano el trigo aparece como presente simbólico, simbolizando el don de la vida, en la acepción que hemos visto del grano que debe morir en la tierra, convertido en semilla para el renacimiento en la espiga, que debe ser cosechada. Pero, además, en esa ceremonia se nos dice que el trigo se transforma en pan, y por eso simbolizaría también el alimento material indispensable para la vida. El trigo, en fin, sería símbolo de la fecundidad, e inicia en los misterios de la vida. Nos permitiría descubrir la armonía entre la vida humana y la vida vegetal. Por fin, la espiga constituye la palabra de pase del grado de compañero al representar la estabilidad productora y fecunda, fruto de la maduración llevada a cabo en el anterior grado de aprendiz.

TRÍPODE. El trípode es la imagen del fuego y del cielo en dinamismo. Simbólicamente, en consecuencia, se representa como tres piernas unidas, en una forma parecida a una esvástica. Encima estaría una corona o copa que representaría el cuatro o la tierra. Todo este conjunto simbolizaría la elevación del espíritu que mediante la manifestación divina, es decir, las tres piernas, accedería al receptáculo de las comunicaciones celestes, esto es, la copa. También simboliza la estabilidad porque el trípode tiene tres puntos de apoyo.

En masonería el trípode recoge toda esta tradición simbólica, y aparece en la Cámara de Reflexión y en el Altar de los perfumes.

TRONO. El trono es símbolo del centro, síntesis y la unidad estable del gobierno. En el Antiguo Egipto simbolizaba el soporte, el equilibrio y la seguridad.

El Trono de Salomón ha generado muchas leyendas fantásticas, pero de las que se podrían sacar algunas enseñanzas en relación a cómo estaba formado. En masonería el Trono de Salomón sería el nombre del asiento que ocupa el Venerable Maestro de la logia en el Oriente, así como el de los presidentes de los altos grados, cuyo color y decoraciones varían según los ritos y grados. Debería estar cubierto por un dosel, al representar el trono del rey.

U

UMBRAL. El umbral señala la división entre lo exterior o profano, y el interior o lo sagrado en el templo. En ese umbral los masones esperan a que el Maestro de Ceremonias los introduzca en el mismo siguiendo un ritual específico. El umbral tiene mucho significado en masonería, precisamente por su papel de transición hacia lo sagrado, hacia el interior asociado a ese carácter. Los masones entran con la mano en el corazón como signo de fidelidad. Ese ritual se da en otras culturas y tradiciones. Pensemos lo que hacen los musulmanes al entrar en la mezquita o los japoneses en un hogar.

UNO. El primer número, el comienzo, el génesis, y la unidad.

URNA. La urna es símbolo de la unidad, teniendo que ver con las votaciones en masonería. Todos los masones votan que es la forma de aportar sus voluntades y se unen en la urna. Por eso, en masonería no se contempla la abstención.

ÚTILES. Los útiles son las herramientas de trabajo que los masones efectúan simbólicamente según su grado y cargo. En este *Diccionario* estudiamos los principales

V

VALLE. Un valle es un lugar abierto hacia el que convergen las aguas de las montañas. Así pues, es símbolo de las transformaciones y unión de las fuerzas contrarias que fecundan, es decir la unión de la tierra y el agua del cielo. Los hebreos consideran que simboliza el lugar donde camina Yahvé, y donde se unen el alma humana y la gracia de Dios.

En masonería el valle es el término que se refiere a la situación geográfica de una logia filosófica. También se usa en plural. Si estuviéramos hablando de una logia simbólica el término apropiado es «al Oriente de». Para las localizaciones profanas en masonería se emplearía el término de «coordenadas».

VARA. La vara representaría la potencia y la clarividencia que el mago emplea para trazar el círculo con el fin de evocar a los espíritus y modificar el espacio.

En masonería es un palo de madera que se usa para medir la longitud y, por lo tanto, debe estar graduado. El simbolismo de la vara se asocia, en consecuencia, con el de la regla, que tiene veinticuatro partes como las veinticuatro horas del día, y que en el pasado un aprendiz debía emplear para trabajar, descansar y cultivarse y ayudar. La vara aparece en los grados de compañero y maestro con un significado moral y astronómico. Es, por lo demás, una insignia y distintivo en distintos altos grados. Para las maestras perfectas en la Masonería de Adopción la vara era su insignia. Se presentarían con la vara en la mano simbolizando el orden y precisión como guías de sus actos y pensamientos.

VASO. El vaso se asocia a la copa de libaciones, que debería presentar el candidato en una iniciación. Es un vaso de purificación, remontando su simbolismo a los Misterios Egipcios.

VELAS. Las velas están constantemente presentes en masonería porque sirven para desvelar e iluminar los secretos. La vela se asocia, por lo tanto, y como no podría ser de otra manera, con la luz y también con las estrellas.

Las velas se han empleado en todas las culturas, tradiciones y cultos. La vela elimina malos olores, sirve para celebrar, para dar un carácter de interioridad a un acto, para velar un difunto, etc. Encender una vela es todo un ritual, y en masonería es evidente. Es una manera de invocar fuerzas superiores. Por eso, en puridad solamente se debe emplear una vela para cada tarea o fin, y se debe elegir una vela adecuada, así como debe cuidarse la forma de encenderla y apagarla. Es importante la pureza de la cera de la vela, y se debe ser siempre consciente de la razón por la que se enciende.

En el templo masónico hay muchas velas y con sus propios significados. En general, como hemos explicado, se asocian a la luz. Antes de la apertura de los trabajos de una tenida ya hay una luz encendida en Oriente porque es la luz eterna, y que nunca se apaga. El ritual del encendido de las velas es fundamental en el inicio de toda tenida, y se asocia a determinadas fuerzas. Puede haber ceras de color en algunos trabajos, con significados distintos en función de sus colores. La cera, el material de las velas, también otorga simbolismo a las mismas derivado del que vimos de las abejas. Por fin, aunque esto no es común en la actualidad, lo correcto es que un templo se ilumine solamente con velas o lámparas de aceite porque la luz eléctrica es artificial. Las velas en el templo serían fuego sagrado que no debería ser sustituido.

VENTANA. La ventana es un símbolo de la forma en que nuestra conciencia interpreta el mundo. Para que pase la luz por la misma hay que contar con determinadas facultades vinculadas a un estado de pureza.

En los grados de aprendiz y compañero el templo masónico posee tras ventanas simbólicas con rejas, como en el Templo de Jerusalén. Son las tres estaciones o momentos del Sol, es decir, Oriente, Mediodía y Occidente. No hay ventana vinculada al Norte porque la luz es muy débil en ese momento. Cada ventana ilumina un conocimiento distinto, es decir, la realidad divina, la realidad objetiva y exterior y la realidad subjetiva interior.

VENUS. La diosa del amor, la Afrodita griega, también tiene un lugar en la masonería. En el Rito Escocés Antiguo y Aceptado puede aparecer una estatua de esta diosa en la parte sur, a la izquierda del Segundo Vigilante simbolizando la regeneración, la naturaleza y la belleza. En los banquetes rituales existiría un brindis dedicado a esta deidad. Venus también se vincula con la leyenda del grado de maestro.

VERDADERA LUZ. Esta expresión sirve para las fechas en los documentos masónicos. Es una referencia simbólica a la creación del mundo, de la construcción del Templo de Salomón, o de la fundación de la orden masónica. Los calendarios masónicos varían en función del Rito.

VESTIDO. El vestido tiene una clara relación con la personalidad porque nos individualiza, además de que se vincula a las distinciones sociales, o tiene que ver con el camuflaje o el disfraz de esa misma personalidad. Si la vestimenta se relaciona con una actividad espiritual se conoce como «hábito», representando al ser interior o también puede identificar a quienes se dedican a la religión o a otras actividades. En los distintos ceremoniales la vestimenta adquiere una gran importancia porque se vincula a la misma ceremonia. Es más, hasta el mismo proceso de vestirse para ello constituye un ritual en sí.

El vestido aparece en las distintas tradiciones como el reflejo de la realidad del que lo lleva. Así ocurre en los ámbitos judío y cristiano.

Cada prenda tendría su propio simbolismo. En el caso de la túnica habría dos piezas, la túnica interior y la exterior. La segunda representa que la apariencia externa escondería la verdadera realidad o luz interna. Por eso la túnica interior es blanca. La túnica interna no debe llevar adornos porque representan la pureza del alma, mientras que la externa debe ser negra por su valor de ocultación. En algunos Ritos se emplean las túnicas. El poncho es circular y representa a Dios. La dalmática es un tabardo de corte cuadrado que, en cambio, representa al hombre. El cinto o cordón representa la línea divisoria entre nuestra parte superior y la inferior, es decir, entre la parte espiritual y la material. En masonería el cordón es, además, símbolo de fidelidad y protección. El cordón aparece en la ceremonia de iniciación porque se tira del mismo al iniciado como si fuera un cordón umbilical. La estola es una banda de tela bordada que cuelga del cuello hasta casi las rodillas. Si cuelga de forma vertical representa el gobierno y si lo hace cruzando el pecho significa sacerdocio. La estola se emplea en algunos de los altos grados o filosóficos. El calzado representa la posesión de la tierra sobre la que se pisa. Así pues, en tierra sagrada habría que descalzarse. Los puños sirven para salvar la incomodidad las mangas anchas de las túnicas cuando hay que emplear las manos en los rituales. Comenzaron siendo muy sencillos para ir complicándose con adornos. Simbolizan la polaridad de lo que hacen las manos. Los puños son empleados por las grandes dignidades en masonería. La capucha simboliza el mundo celeste. Cuando nos cubrimos con la misma representamos la invisibilidad del hombre en el mundo material. En algunas logias que emplean túnicas estas tienen capuchas con las que se cubren los masones en algunos momentos de los trabajos. El manto representa el retiro en sí mismo y en la naturaleza divina, como se interpreta en la toma de hábitos por los monjes. En masonería el manto cubre al recipiendario cuando se encuentra en la sala de preparación o espera. Pero también había antiguamente un tipo de manto denominado abolla, de origen griego, realizado en una sola pieza y que se colocaba con un broche. Existían unas abollas más grandes con las que se cubrían los filósofos La masonería adoptó las abollas para envolverse los hermanos cuando asisten a una iniciación, así como en la recepción del grado de maestro, aunque ahora parece que no se emplean. El pectoral que cuelga de una cadena sobre el corazón representa la conciencia. Debe ser de un metal noble y por encargo personal, por lo que debe identificarse con el que lo porta. El simbolismo de la corona se enriquece en función del material de la que está elaborada. Las coronas de laurel y palma son representación del héroe o son símbolo de victoria. Si la corona es de olivo se vincula con la paz, pero si es de ciprés denotaría luto. Las coronas representan, en todo caso, el culmen al que pudiera llegar una persona o también el poder, ya sea religioso, espiritual o terrenal. Por fin, el peso de la corona es importante porque es un recordatorio de la responsabilidad que cae sobre quien la porta.

En relación con el vestido quedarían tanto el mandil como los guantes, fundamentales en masonería y, por eso, mismo, se les ha dedicado especial atención monográfica.

VIAJES. Los viajes tienen que ver con la búsqueda de la verdad, de la paz, de la espiritualidad, y de la inmortalidad. En masonería son fundamentales en la ceremonia de iniciación y en la recepción del grado de compañero.

VINO. El vino se ha asociado a la sangre, ya sea de Dionisos, ya de Cristo. Es símbolo del conocimiento y la iniciación, y elemento de sacrificio en las tradiciones judía y musulmana. Recordemos la importancia del vino en la Última Cena cuando Jesús expresó que era su sangre, la sangre de la alianza. Es, por lo tanto, el símbolo de la inmortalidad, y también del sacerdocio y la sabiduría, como lo ejemplificaría el hecho de que la sabiduría o «druida» y la «vid» tienen la misma raíz.

En la consagración del templo masónico el vino aparece con el trigo, el aceite y la sal. Se realiza una ofrenda hacia el sur, como elemento del aire y símbolo de la fuente de amor que debe presidir el templo.

V.T.R.I.O.L. Estas siglas corresponden a la máxima, «Visita Interiora Terrae Rectificando Invenies Occultum Lapidem», es decir, «visita el interior de la Tierra y rectificando encontrarás la piedra oculta», es decir, la piedra filosofal, fundamento de la verdad.

En masonería tienen un simbolismo fundamental en lo iniciático aludiendo al proceso de transformación para el retorno a lo más profundo de cada uno. En el Rito Escocés Antiguo y Aceptado aparece en la Cámara de Reflexión.

VIUDA. Nombre simbólico de la masonería. Por eso los masones son los «hijos de la viuda». El origen de esta significación parece que parte de Egipto, de Isis como viuda de Osiris, es decir la luz. La búsqueda de sus restos por todo el mundo simboliza la búsqueda del masón, que se identificaría con Horus. Pero no debemos olvidar tampoco que la reina de Saba no hizo caso de las proposiciones de Salomón porque se enamoró de Hiram, del que tuvo un hijo, el «primer hijo de la viuda», porque, como sabemos por su propia leyenda, Hiram fue asesinado.

Y

En masonería es la letra que simboliza la separación de la vida profana de la iniciática.

Z

La Z llega a representar cuatro nombres de Dios para los musulmanes. En masonería es la llama del Maestro Secreto.

Anexo

Completamos el *Diccionario* con una colección de textos históricos de libros publicados en el siglo XIX y principios del XX, que nos aportan una valiosa información sobre los símbolos:

*En los textos se ha respetado la grafía del texto original.

Importancia histórica de los símbolos y diferencia entre símbolo, alegoría y jeroglífico

«La alegoría es la voz de la sabiduría.

Los símbolos y los emblemas fueron el lenguaje primitivo de los pueblos orientales, y su origen solo expresaban la imagen simple de la calidad de las cosas.

Mas tarde llegaron á encerrar las mas grandes concepciones. Creación, divinidad, dogmas, doctrinas, creencias, ciencias, artes, todo lo abarcaron; y el lenguaje simbólico y emblemático, pasando á ser patrimonio de los sacerdotes, de los sabios, de los poetas y de los artistas, fué sagrado en todos los pueblos. Así las palabras símbolo, emblema, alegoría, jeroglífico, etc., cuya significación viene á ser análoga en el sentido mas lato, son la expresión de las ideas representadas por medio de imágenes. Pero conviene advertir, que el símbolo representa algo más grande que el emblema, que solo tiene una expresión simple y determinada; que la alegoría es la exposición do un objeto por medio de figuras, lo que la ha convertido en lengua universal para los artistas, y que los jeroglíficos son caracteres simbólicos de los que se sirvieron los hombres de la antigüedad, y muy señaladamente los sacerdotes egipcios, para expresar los misterios de su religión y los secretos de su ciencia y de su política».

Importancia de los símbolos para los masones

«Los símbolos y los emblemas, serán siempre objeto de gran veneración para los Francmasones reflexivos, porque bajo su velo metafísico se perpetúa y se encuentra el criterium del dogma filosófico de la Institución; y porque cada figura simbólica ó emblemática de las que se ofrece á su vista en los templos consagrados á la Franc-masonería, es imagen de una verdad luminosa, cuyo desarrollo científico les conduce al conocimiento exacto de los principios morales que esta atesora».

Universalidad de los signos masónicos

«Estos símbolos y emblemas constituyen un lenguaje misterioso y especial, sumamente inteligible y expresivo para todo iniciado, que permite que los Masones puedan reconocerse y comunicarse entre sí, en todas las circunstancias de la vida, cualesquiera sea su idioma y en cualquier parte del mundo en que se encuentren, pudiendo disfrutar así de las inapreciables ventajas que les otorga con ello la Institución.

El carácter de universalidad de los signos y emblemas del simbolismo masónico, impone á todos los iniciados el deber de respetarlos, mantenerlos y trasmitirlos íntegramente tal como se hallan contenidos en las liturgias auténticas ó admitidos y sancionados por el tiempo y por las antiquísimas y tradicionales prácticas que nos han sido legadas».

Importancia de las formas simbólicas del ritual

«Como es sabido, los trabajos ó sesiones masónicas deben celebrarse, con extricta sujeción á las formas simbólicas del ritual, en locales expresamente arreglados y solemnemente consagrados para este exclusivo objeto, á los que se da el nombre de Templos».

El templo masónico como símbolo

«Siendo el Templo Simbólico una imagen representativa del Universo, afecta la forma de un cubo, por corresponder esta figura al número 4, que simboliza la Naturaleza. Todo es simbólico en él: los cuatro elementos, los cuatro puntos cardinales, la bóveda celeste con sus numerosas constelaciones, el sol, la luna, los signos zodiacales y cuantos objetos se hallan representados en su interior, todo se refiere simbólicamente al mismo sistema».

La Cámara de Reflexión

«Todas las Logias deben tener un local especial, llamado cuarto de reflexion, ó sea una cámara preparatoria, donde son introducidos los candidatos que pretenden ingresar en la Francmasonería, á fin de prepararlos convenientemente antes de proceder á la ceremonia de su iniciación. En este local, pintado de negro, ó á poder ser, figurando una gruta sepulcral ó una catacumba, rodeado de los símbolos de la destrucción y de la muerte, se coloca un taburete y una mesa cubierta con un tapete blanco, sobre la cual hay una calavera, algunos mendrugos de pan, un plato con ceniza, una clepsidra, un gallo, un puñal ó un cuchillo con la hoja rota y mohosa, un tintero, plumas y algunas hojas de papel para escribir. El recinto se halla alumbrado por la débil luz que despide una lámpara sepulcral; en uno de los ángulos se ve un ataúd junto á una fosa abierta, ó un hipogeo abierto también entina de las paredes, dejando ver un cadáver amortajado».

Salario

«Los Masones, como obreros alegóricos que son para la construcción del templo de la Verdad, de la Ciencia y dé la Razón, reciben el salario que les corresponde, cada cual según su grado, por medio de un signo, de una palabra y de los toques y demás medios de reconocimiento exigidos».

El color blanco

«En el simbolismo masónico es emblema del Ser Supremo, de la Luz y de la Verdad. Como puede verse en los rituales, este color forma el distintivo de muchos grados; y los dos adornos más expresivos en casi todos los conocidos de los distintos ritos masónicos, como los guantes y el mandil, son blancos siempre, salvo muy contadas excepciones».

Boaz

«Nombre simbólico de una de las columnas de bronce fundidas por Hiram de orden de Salomón, y que fueron colocadas en el pórtico del Templo».

Diccionario Enciclopédico de la Masonería
Lorenzo Frau i Arbines y Rossend Arús, La Habana, 1883.

Instrumentos para un banquete masónico

«Los instrumentos para los trabajos de un banquete son: Pan-Piedra dura. Vino-Pólvora soja ó blanca. Botella-Una barrica. El Vaso-El Cañón. El Plato-La Teja. Una vela encendida-La Estrella. La Pluna-Un punzón. La Cuchara-Paleta. El Tenedor-Pico. Cuchillo-Arma blanca-Espada. Servilleta-Bandera. Eí Licor-Pólvora fulminante. La Sal-Arena blanca. La pimienta-Arena negra. Las Fuentes-Cajones de arena o mezcla. Un escrito-Una plancha».

Almoneda de las joyas, instrumentos y muebles mazónicos que por fallecimiento del rito yorkino venden sus albaceas para cubrir á sus infinitos acreedores.
Andrés Videgaray, Puebla, 1830.

El mazo

«Entre los útiles de que se sirven los Maestros, el mazo es uno de los principales, puesto que ellos solos son los únicos que pueden tenerlo y dirigirlo en L.·., es la cruz truncada ó sea el thau sagrado de los egipcios representado por la letra T, que era la primera de su Alfabeto, y que significa también la llave del Nilo; los iniciados en los grados superiores llevan el emblema geroglífico como un signo venerado. Los hebreos dan también á ese signo la misma importancia, así como lo vemos en la Biblia. Para los masones ese es el signo del poder y de la grandeza».

Columnas y granadas

«Las columnas de nuestros templos están adornadas de granada s medio abiertas; la gran cantidad de granos que contiene esta fruta es el símbolo del acrecentamiento del género humano; el color de rosa y trasparencia de cada uno de sus granos, así como su arreglo perfecto bajo una misma envoltura ó cascara, significa que los hombres, en un estado de armonía idéntica, bajo la envoltura de la bóveda celeste, deben vivir unidos y llenos de amor los unos por los otros, no teniendo nada oculto entre ellos para simbolizar la transparencia; en fin. si esos frutos son representados entreabiertos, es porque los iniciados deben presentar su corazón descubierto ante sus hh.·. Ese símbolo masónico se encuentra, no solamente en los templos de Céres, sino que también en el de Salomón, en donde vemos á Hiram haciendo "las columnas con dos hileras de granadas, y á su alrededor sobre las mallas para cubrir uno de los capiteles que estaban sobre los capiteles de estas mismas columnas". Además la túnica del gran sacerdote de los judíos estaba adornada también por la orilla de granadas entretegidas de campanillas de oro».

El número siete

«El número siete, que distingue al grado de Maestro, era el mas venerado de todos en la antigüedad; era el verdadero número sagrado, corno relacionándose con el sistema del mundo conocido. Entre los hebreos significaba la perfección y el complemento de todas las cosas, por la reunión de tres principios á los cuatro elementos generadores, figurando lo mismo, para los filósofos, como siendo la plenitud y la perfección de todas las cosas; formado del primer impar, ó sea del triángulo, 3, y del primer cuadrado, 4, él representa matemáticamente la idea de la perfección la más pura. Er a también el número de las maravillas del mundo, y por Maravillas del mundo los filósofos comprenden á los siete planetas, y los iniciados comprenden las siete puertas ó sean los grados de la iniciación. En los misterios egipcianos, ese número significaba también al Nilo con sus siete desembocaduras conocidas aun todavía en el tiempo de Herodoto. En fin el ha pertenecido á todas las sectas, á todos los misterios, y á todas las religiones; no hay necesidad sino de leer la Biblia, los Evangelios y los Libros sagrados de todos los pueblos, para encontrar millones de aplicaciones alegóricas».

Estudios históricos y simbólicos sobre la franc masonería: dedicados a los franc mas. de la isla de Cuba.
Hermano Susana, México, 1882

La piedra tosca (bruta)

«La piedra tosca el emblema del aprendiz, porque al salir de la cantera, representa el estado imperfecto de nuestra naturaleza».

El mosaico

«El suelo de mosáico, emblema de la variedad del suelo terrestre, formado de piedras blancas y negras, unidas por un mismo cimento. simbolizan la union de todos los masones del globo, á pesar de la diferencia de colores, de climas y de opiniones políticas y religiosas; son una imagen del bien y del mal con que está sembrado el camino de la vida».

La bóveda celeste

«La bóveda del templo es azulada y estrellada como la de los ciclos, porque como ella cobija á todos los hombres sin distinción de rango, ni de color».

El Oriente

«La palabra Oriente, que sirve para designar el sitio del Venerable y de los dignatarios de la órden, anuncia el sitio de donde parte la luz física que nos alumbra; esto prueba también que los primeros cultos han sido solares, y tenían por objeto rendir homenaje á la Divinidad en su órgano visible. En cuanto a nosotros, el nombre de Oriente recuerda que los misterios de la sabiduría han llegado á nosotros desde los pueblos orientales».

El sol y la luna

«El sol simboliza la luz, que debe alumbrar y guiar al masan, así como su calor simboliza el fuego sagrado que debe vivificar su alma.

La luz recibida de la luna es aqui una advertencia para que recibamos con docilidad y aprovechemos con discernimiento la: luces que se nos comunican».

La espada flamígera

«La espada flamígera, arma simbólica, significa que la insubordinacion, el vicio y el crímen deben ser arrojados de nuestros templos».

Joyas movibles: escuadra, nivel, plomada

«La escuadra suspendida del collar del V.·., significa que el jefe de la lógia no puede tener mas que una idea, (...) y que solo debe actuar en favor del bien.

El nivel, que decora al primer vig.·. simboliza la igualdad social, base del derecho natural.

La plomada, llevada por el 2° vig.·., significa que el mason debe poseer una rectitud de juicio que ningun afecto de interés ó de familia deben inclinar ó seducir.

Se las llama joyas movibles, porque en las elecciones pasan de un h.·. a otro».

Francmasonería: ritual del aprendiz masón que contiene el ceremonial, la esplicación de todos los símbolos del grado, etc., J.M. Ragon; traducido por S. de G., Barcelona, 1872.

Las joyas de los oficiales de la logia

«Varias insignias particulares sirven para distinguir los oficiales de logia de los miembros que no tienen empleo. Todos llevan una ancha cinta celeste y morada, en forma de muceta, cuyo extremo les cae sobre el pecho. A este adorno, donde están ordinariamente bordadas algunas ramas de acacia y otros emblemas masónicos, está unida una joya simbólica, cuya naturaleza varía según las atribuciones del oficial que la lleva. El Venerable lleva una escuadra; el Primer Vigilante, un nivel; el Segundo Vigilante, una plomada; el Orador, un libro abierto; el Secretario, dos plumas cruzadas; el Tesorero, dos llaves; el Primer Experto o Perito, una regla y una espada; el Segundo Experto o Hermano Terrible, un dalle y un reloj de arena; el Guardasellos, un rollo y un sello; el Hospitalario, una mano teniendo una bolsa; el Maestro de ceremonias, un bastón y una espada cruzados; el Maestro de banquetes, un cuerno de la abundancia; el Arquitecto, dos reglas cruzadas; el Guardatemplo o Cubridor, una maza».

Las columnas en Occidente

«Al Occidente, a los lados de la puerta de entrada, se elevan dos columnas, cuyos capiteles están adornados de hojas de acanto y granadas entreabiertas. Sobre la columna de la izquierda, se lee la letra B, y sobre la otra la J; junto a esta columna hay un sitial y un bufete triangular para el primer vigilante, y otro igual al lado opuesto para el segundo. Los dos expertos se sientan delante de las columnas, y junto a la puerta el guarda interno».

La acacia

«Acacia. Arbol cuyo atributo misterioso solo es conocido de los Maestros. Es el mirto de los antiguos iniciados y el ramo de oro de la fábula».

El Delta

«Delta. Triángulo luminoso, imagen del Poder Supremo: Dios o la Naturaleza».

Jakin

«Jakin. Nombre de la segunda columna del templo. Este nombre significa estabilidad».

Triángulo

«Grupos masónicos formados en poblaciones de escaso vecindario. "Ortodoxamente hablando —dicen los hermanos I. y G. Ruiz— un Triángulo no es otra cosa que un Taller en creación e instancia". Y más adelante añaden, precisando la importancia de estos organismos: "El Triángulo es un medio, el más poderoso, de propagar la Orden. Por esto, que a todos nos interesa grandemente, debemos los masones esforzarnos en cubrir de Triángulos el país que habitamos. En poblaciones de escasísimo vecindario, alejadas de los grandes centros de actividad, más que por la distancia, por las dificultades de comunicación; en pueblos donde apenas haya logrado penetrar la civilización moderna, un Triángulo masónico, aun compuesto de solos tres masones, es como un foco de radiante luz: a los comienzos ilumina un punto, para después inundar rápidamente de claridad todo el contorno". "Un masón, con poderes de su Logia, hace otro masón; tres, un Triángulo; un Triángulo, una Logia, y una Logia hace, tarde o temprano, de un pueblo atrasado un pueblo culto; de un vecindario esclavizado, un vecindario libre; y de ella nacen nuevos Triángulos, que a su vez forman otras Logias. El Triángulo nace por la propaganda de la Logia; crece hasta convertirse en Logia, y a su vez, mientras ejecuta como tal trabajos de distinto orden, dedícase principalmente a crear otros Triángulos. Todo es, pues, propaganda en el Triángulo: personal en su comienzo, colectiva después. Ni puede hacer otra cosa el Triángulo. Fuera de la propaganda, apenas logrará hacer nada de gran provecho; ni ha menester comenzar otros trabajos, ni nadie le pide que los haga. Su misión, única, exclusiva, es hacer masones y educarlos. Su fin, llegar a ser Logia"».

Manual del Francmasón: Orígen, historia, doctrina y rituales de la Francmasonería, con la explicación de sus símbolos, alegorías y misterios. Timoleón Bégue, John Trutch, Barcelona.

La edad de un maestro masón

«P. ¿Cuál es la edad de un m.·.?

R. Siete años y mas.

P. ¡Por qué decís y *más!* ¿Qué significa ese número siete?

R. La palabra y *más* expresa que conoce no solamente los misterios de la m.·., sino los que de ellos podrían derivarse. El número siete significa los siete planetas, los siete metales, los siete colores primitivos; las siete notas musicales, las siete artes liberales, y las épocas setenarías del hombre».

Francmasonería: ritual del grado de Maestro.
J.M. Ragón; traducido por T.C. Barcelona, 1875.

Compás, círculo, regla y triángulo en el grado de compañero

«En este viaje llevabais el compas y la regla, instrumentos principales de las obras humanas. El primero traza el círculo, la mas hermosa de las figuras; muestra el centro la Igualdad de los radios, el valor del diámetro y lo justo de todas las medidas. Es el regulador universal. ¿De qué sería emblema? De la Log.·. H.·., de ese regulador por excelencia de lo cierto y de lo justo, que nos enseña a discurrir con precisión; a clasificar nuestros conocimientos y a deducir consecuencias exactas. Con él y la regla formamos las figuras geométricas y matemáticas, obtenemos líneas y medidas perfectas; en una palabra, hacemos el triángulo, signo venerado en todas las edades porque lo es de la fuerza y el orden».

Grado de compañero. Gran Log.˙. "La Oriental" de LL.˙.
y AA.˙. MM.˙. de Yucatán,
Mérida, 1916.

La Biblia en los talleres masónicos

«P. ¿Qué significación tiene la Biblia en los talleres?

R. Unicamente simbólica y nunca dogmática, y a que los hermanos so n libres para ver en ella el Libro de Deberes, religioso y santo, o solo un documento ético, una ley moral desarrollada a través de siglos. La masonería del mundo, con raras excepciones, la acepta como fundamento de su simbolismo, que está tómado en gran parte de las Sagradas Escrituras».

Latomia, Logia Unión, Vol. I, Madrid,1932.

El agua

«El agua, en las prácticas simbólicas y religiosas, figura siempre para lavar las manchas del alma lo mismo que lava las del cuerpo. Conocéis las aguas lustrales de los antiguos, la piscina de Siloe que estaba á la puerta de Jerusalem, el bautismo de los cristianos y las aspersiones que se hacen sobre el pueblo para arrojar los malos espíritus».

Mandil y guantes en la iniciación

«Recibid este delantal (se lo ciñe), h.·. mio, que es el símbolo del trabajo, y que los hombres mas esclarecidos se han honrado en llevar, si el cual, no os presentareis jamás en este Temp.·..

Recibid estos guantes, cuyo color blanco os indica la pureza que debe reinar en las costumbres y acciones de los individuos de nuestra Ord.·..

Este otro par se los entregareis á la mujer que mas améis como un recuerdo del respeto que tributamos á la virtud».

La palabra de paso del compañero

«Palabra de Paso; Schibb.·.; se pronuncia entera y se traduce por Numerosos como las espigas de trigo. Significa el segundo reino, ó sea el vegetal, que es el que debe estudiar el Comp.·.».

Manual del franc masón, destinado para el uso de las logias de España: El verdadero lazo de los pueblos, o la franc masonería restituida a sus verdaderos principios.
Nicolas Charles Des Etangs, Madrid, 1871.

Los metales (despojarse de los mismos en una iniciación)

«P. ¿Cómo habéis sido recibido Masón?

R. Me despojaron de todos mis metales, y me privaron del uso de la vista.

P. ¿Qué significado puede tener esto?

R. Muchos á la vez. La privación de metales representa al hombre antes de la civilización y en el estado primitivo; y la oscuridad en que estuve sumergido, figura al hombre en la ignorancia absoluta.

P. ¿Qué consecuencias morales resultan de estas alegorías?

R. La necesidad de la instrucción».

La piedra cúbica o labrada

«P. ¿Qué significa la piedra cúbica ó labrada?

R. Figura el Masón ó el hombre civilizado; es también el emblema de los conocimientos humanos».

Significado de la escuadra, el compás, el nivel y la plomada

«P. ¿Qué significan la escuadra, el compás, el nivel y la plomada?

R. Como estos instrumentos son de todo punto indispensables para hacer sólidas y durables construcciones, nos recuerdan las reglas que debemos seguir en nuestra conducta. La escuadra, para la rectitud; el compás, para la medida; el nivel y la plomada, para la justicia con nuestros semejantes».

Significado de la plancha para trazar

«p.—¿Qué representa la plancha para trazar?

R._ Es el emblema de la memoria, de esta facultad preciosa que nos ha sido dada para formar nuestros juicios por medio del recuerdo de todas nuestras percepciones».

Ritual escocés del aprendiz masón: según documentos auténticos y originales... e instrucción completa y detallada de todas las obligaciones que contrae el aprendiz masón...
Eduardo Caballero de Puga, Madrid, 1883.

Bibliografía

Este libro es fruto de la combinación de la experiencia personal en el trabajo masónico, teniendo la inmensa suerte de haber estado siempre cerca de verdaderos sabios y verdaderas sabias, con la consulta de obras sobre simbología, en general, y muy especialmente de la masonería:

DAZA, Juan Carlos, *Diccionario Akal de la Francmasonería,* Madrid, 1997. Se trata de la última obra fundamental en este género de trabajos en castellano, una referencia obligada.

RONNBERG, Ami y MARTIN, Katheleen, *El libro de los símbolos.* Reflexiones sobre las imágenes arquetípicas, Eslovaquia, 2010. No se trata de un libro de símbolos masónicos, sino de los símbolos en general, pero con una exhaustiva información y magníficas ilustraciones.

CIRLOT, Juan Eduardo, *Diccionario de Símbolos,* Siruela, Madrid, 2024. Es la última edición de una obra fundamental clásica de finales de los años cincuenta, y de obligada consulta.

Y, por último. no podemos dejar de citar una obra a la que siempre recurrir, clásica, y un pozo de sabiduría masónica:

Diccionario enciclopédico de la masonería con un suplemento, seguido de la historia general de la Orden Masónica desde los tiempos más remotos hasta la época actual: obra especial y única en su género para el conocimiento de los orígenes, naturaleza, símbolos, prácticas y fines de la masonería (..). completado con un taller general de la franc-masonería (...)/, escrito y ordenado por Lorenzo Frau Abrines; y publicado bajo de dirección de Rosendo Arús y Arderiu. Afortunadamente, esta obra se puede consular en la Hemeroteca digital de la Biblioteca Nacional de España. La obra trasciende la propia simbología masónica.

Otros libros del autor publicados por la editorial Editatum:

EL REPUBLICANISMO EN ESPAÑA
Desde sus albores al Frente Popular

La Primera República, 1873-1874, que acabó con el pronunciamiento de Martínez Campos y la restauración borbónica, y la Segunda República, de abril de 1931 hasta el inicio de la dictadura franquista, son dos épocas históricas vinculadas entre sí que guardan muchas de las claves para entender e interpretar nuestro presente ya que fundamentos ideológicos de la política actual tienen muchas de sus raíces en aquellos sucesos que marcaron definitivamente unos profundos cambios sociales.

El autor, con su característico estilo claro, didáctico y riguroso, nos muestra las causas y origen de todos aquellos acontecimientos convulsos que trastocaron definitivamente la historia de España.

LAS CONSTITUCIONES EN ESPAÑA

Desde la "Pepa" hasta la Constitución de 1978

Uno de los grandes avances que distintos países occidentales implementaron en su proceso de desarrollo social fue el de la redacción y aplicación de un texto jurídico y político destinado a convertirse en la ley máxima de un Estado. Estos textos forjaron lo que hoy es la separación de poderes y, su carácter constitutivo, formó la base misma de la democracia.

España no estuvo al margen de estos movimientos sociales y fue en 1812 cuando vio la luz la Constitución de Cádiz conocida como la "Pepa". Desde entonces España ha conocido varias constituciones que esta obra analiza mostrando con ello el proceso político, jurídico y social que España ha recorrido hasta llegar hasta la actual Constitución de 1978.

LAS RELACIONES IGLESIA-ESTADO EN ESPAÑA

Del Antiguo Régimen a la Dictadura de Franco

Este libro analiza las relaciones entre el Estado y la Iglesia Católica y su dimensión social, especialmente durante los siglos XIX y XX, tanto desde el punto de vista de los católicos, como desde el de los sectores laicos y anticlericales, dado el poder religioso, político, económico y social que la Iglesia tenía.

Durante la Monarquía sus relaciones no fueron siempre fluidas, pero los conflictos llegaron con la Revolución liberal y el intento de la Iglesia de conservar parcelas de dominio ante las propuestas de reformas a favor del laicismo y la secularización.

En el católico franquismo, se generaron nuevas tensiones que provocaron que la alianza inicial entre ambos poderes terminara por casi quebrarse.

Made in the USA
Las Vegas, NV
17 October 2024

97021135R00121